家，让学习
自然发生

〔韩〕金慧廷 等／著

杨典典／绘 刘兴娜／译

U0642835

北京科学技术出版社

집중력이 낮은 우리 아이를 위한 1등 공부방 환경
(First study room environment for our child with low concentration)
Copyright © 2019 Park mi kyung, Park ji young, Min Suk Dong, Choi Seung Ran, Kim hye jung, Min Yeon Jung, Park Young Mi, Lee Yeon Hwa, Yoon Young Sik
All rights reserved.
First published in Korean by thinkbook
Simplified Chinese Translation rights arranged by thinkbook through May Agency
Simplified Chinese Translation Copyright © 2025 by Beijing Science and Technology Publishing Co.,Ltd.

著作权合同登记号　图字：01-2023-4051

图书在版编目（CIP）数据

家，让学习自然发生 /（韩）金慧廷等著；杨典典
绘；刘兴娜译 . -- 北京：北京科学技术出版社，2025.
ISBN 978-7-5714-4311-5

Ⅰ . G782

中国国家版本馆 CIP 数据核字第 2025L7P073 号

策划编辑：花明姣
责任编辑：路　杨
责任校对：贾　荣
设计制作：博越创想
责任印制：吕　越
出 版 人：曾庆宇
出版发行：北京科学技术出版社
社　　址：北京西直门南大街 16 号
邮政编码：100035
电话传真：0086-10-66135495（总编室）
　　　　　0086-10-66113227（发行部）
网　　址：www.bkydw.cn
印　　刷：北京顶佳世纪印刷有限公司
开　　本：880 mm × 1230 mm　　1/32
字　　数：158 千字
印　　张：5.75
版　　次：2025 年 7 月第 1 版
印　　次：2025 年 7 月第 1 次印刷
ISBN 978-7-5714-4311-5

定　　价：68.00 元

京科版图书，版权所有，侵权必究。
京科版图书，印装差错，负责退换。

序

"学而时习之，不亦说乎？"圣人孔子在《论语》的开篇如是说道。这句话的意思是，学习是一个往复提升，并且能让人从中感受到快乐的过程。然而现实生活中，能够发自内心地喜欢学习的孩子却并不多见。很多孩子会因为"不学习就会落后于其他同学""不想成为父母与老师眼中的差生"而被迫学习。而我希望孩子们能够把学习看作一个为自己的未来努力拼搏的过程，而非一种竞争手段。

孩子在创造美好未来的路上离不开探索与实践，这就需要他们把课堂上所学的知识转化为自身的积累，再在这个基础上继续创新。但在此过程中，父母如果不考虑孩子的个性，没有为其提供专属的学习环境，则可能不利于孩子发挥创造性。父母如果想让孩子摆脱教条式的学习模式，帮助孩子形成自主学习、自我引导的学习模式，那么为他们提供适合其个性的学习环境就显得尤为重要。

作为韩国研究"如何打造一流学习环境"的专家，我从 2012 年开始，为无数学生量身定制了他们的学习房。起初，当我知道那些孩子都在千篇一律的学习房中学习时，我感到非常可惜。后来经过我们的改造，孩子们的学习房焕然一新。过了一段时间，我欣喜地发现，学习房改造后，大部分孩子都愿意主动学习了。这让我明白，与给孩子买一些押题资料、优质教材和学习视频相比，为孩子营造一个适合他们学习的环境更能激发孩子学习的主动性。

对孩子而言，拥有一个高质量的、适合学习的环境是最基本的学习条件，只有满足了这个条件，孩子才能稳扎稳打、精进学业。愿这本书能够像及时雨一样，为望子成龙的父母送去希望。如果各位家长能把书中的建议合理地运用到实际生活中，我相信一段时间后，你们就能看到孩子的变化。在此，我真心地向各位家长推荐这本书，愿它能够对各位有所帮助。

任瀚圭

目录

Part 2

显而易见的因素与看不见的因素

Chapter 05

培养孩子自己整理学习房的习惯

Chapter 06

用符合孩子性格的颜色装饰学习房

Chapter 07

提高孩子学习效率的声音环境

Chapter 08

充满力量的香气

Part 3

对提升学习力有帮助的事物

Part 1

为什么要给孩子
打造专属学习房？

给孩子提供多种多样的
学习空间

"孟母三迁"的原因

"孟母三迁"的故事想必大家都听过。孟子小时候，家在墓地旁边，所以孟子就模仿大人跪拜、号哭的样子玩起了办理丧事的游戏。孟母见状，觉得这不是适合孩子成长的地方，于是将家搬到了集市旁。没过多久，孟子又开始模仿商人，学起了商人夸口买卖的样子。孟母深感不妥，又带着孟子搬到了学堂附近。这一次，孟子所学的，就是作揖谦让、进退法度之类的与礼仪、学习有关的事情了。

孟母为孩子选择学习环境进行了 3 次搬家，最终培养出了一代大儒孟子。这则故事也告诉我们，良好的学习环境对于孩子的成长和学习非常重要，塑造一个利于学习的环境，有利于孩子持之以恒地学习。

虽然有人认为孟母有些小题大做，但正是因为"孟母三迁"的情况很罕见，这个故事才能作为一个经典流传下来，启示后人。仔细想想，其实 21 世纪的父母对子女教育的重视程度丝毫不输于 2000 多年前的孟母。

即使韩国首尔江南区的房价不断上涨，每天晚上 10 点到 11 点的大峙洞补习班外面，仍被前来接孩子的私家车堵得水泄不通，原因是什么呢?

我想最重要的原因是,父母都想尽力为子女提供更好的教育与学习环境。当然,这也会受到时代、地域以及经济条件的影响。韩国国土面积小、自然资源匮乏、人口众多,这种环境自然会引起人才之间的激烈竞争,再加上父母都想让自己的孩子出人头地,使得韩国学生的学习时长高居全世界学生学习时长的榜首。

面对残酷的现实,父母肩上的担子也变重了。为了给孩子提供更好的教育环境,很多父母即使去银行贷款,也要搬到江南区居住。为了能让孩子进入优质辅导班,父母们哪怕凌晨去排长队也毫无怨言。

这些父母望子成龙的心情可以理解,但大家普遍忽略了一个影响孩子学习的重要因素,那就是孩子的专属学习环境。

生活中,很多父母对什么是"适合孩子的学习环境"毫不关心。学习房是孩子最基本的学习环境,一间好的学习房会给孩子带来积极正面的影响,而很多父母却忽略了这个基本条件。

环境对人的影响很大。要想提高学习效果,先要保证有一个好的学习环境,因为孩子回到家后大部分时间都是在学习房中度过的。如果父母忽略了学习房对孩子学习的影响,即使给孩子换学校、报补习班、请家教、买习题,孩子的成绩可能也很难有大的提高。

孩子之所以没有变成父母期待的样子,很大一部分原因在于学习环境。有的孩子本想着努力学习,结果一坐到书桌前就开始昏昏沉沉、哈欠连天。有的父母把这种现象归因于孩子没有毅力,殊不知不适合孩子的学习环境是导致孩子注意力分散的原因之一。

因此,为了增强孩子的专注力,提高其学习成绩,父母需要尽可能在家里营造出适合学习的氛围，不要让环境成为影响孩子学习的因素。

孩子有了良好的学习氛围，就更可能对学习产生兴趣，专注学习。良好的学习氛围甚至可能激发孩子的潜力，让他们慢慢爱上学习这件事，进而成绩也会随之提高。另外，营造良好的学习氛围并不仅仅是为了提高孩子的学习成绩，更有助于孩子健康成长，培养他们的心性，让他们成为真正会学习、会思考的身心健康的孩子。

学习环境指的是什么?

学习环境，顾名思义，就是用于学习的环境。学习，指的是掌握学问与技术；环境，指的是对所有生物产生直接或间接影响的情况和条件，包括自然环境和社会环境。也就是说，环境能够对掌握学问与技术产生直接或间接的影响。大部分的学习环境也被称为教育环境。教育环境是指教授知识和技术、影响孩子人格成长的环境。

好的学习环境应该是能够让孩子自我主导、自觉学习的环境。从这一点来看，学习环境与教育环境的概念有一些微妙的区别。站在孩子的角度分析，学习环境比教育环境更重要。

现实中笼统的教育是不区分教育环境和学习环境的，但出现问题需要解决时，就要咬文嚼字，把握两者正确的语义和适用范围，只有这样才能找到更好的解决方案。

我们仔细探究就会发现，在学习环境中，真正的主人公不是教育者，而是孩子。学习环境融合了各种各样的要素，包括老师、朋友、书桌、教材、铅笔、台灯、椅子、墙壁、食物等。这些要素都是孩子可以接触和感受到的，而且这些要素对孩子的品性和成绩有很大的影响。

另外，从孩子的角度来看，影响学习的因素还可以分为外在因素和内在因素。外在因素包括照明、噪声、颜色、学习用具、家具等显而易见的因素；内在因素则包括孩子的性格与爱好、老师及父母的称赞与批评等看不见的因素。

打造适合孩子的学习环境
需要考虑哪些要素？

一套昂贵的功能性桌椅，一个宽敞安静的空间，具备了这些要素的环境就是优质的学习环境吗？

诚然，专门为学习而设计的物品或空间对孩子是有益无害的，但仔细想想，仅仅有这些要素就足够了吗？

我们会发现，有时候看似很棒的学习环境却无法让孩子集中注意力。

此时，很多父母或许有这样的疑问："那么究竟什么样的学习环境才适合孩子呢？"

要想准确地回答这个问题，就需要有明确的理论支撑。

前文提到，影响学习的因素大致可以分为外在因素和内在因素。外在因素主要指物理因素。说到此，我们很容易想到的是场所和物品，但其实它涵盖的内容远不止这些，还包括照明的亮度、桌椅的造型与高度、房间内整体的色调，以及床和电脑的摆放位置，等等。其中很多因素都容易被我们忽视。

确定了外在因素，接下来就要考虑孩子的性格、爱好、心理等内在因素。父母应先着重分析孩子现在的心理状态。据统计，孩子一天可以经历多达十几次的心理变化。从小学到高中，再到大学，这一路的成长过程中，孩子的心态在不断地发生改变。

其中，青春期孩子的心理变化最大。这个时期，孩子在心理和身体上都会发生急剧的变化。有的孩子会不再信任家人，有的孩子会跟朋友产生隔阂等，这些都会给孩子造成很大的心理压力。而且这些问题通常发生在孩子需要专注于学业的初高中时期。越是在关键时期，父母越要正确判断孩子的状态，关注他们的心理健康。

我们可以通过改变外界环境来帮助孩子改善内心的状态。例如，可以在"颜色"这一物理因素上做出改变。如果孩子经常感到焦躁、坐立不安，就可以选用蓝色系或绿色系的壁纸或装饰。这些颜色能够抚慰心灵，给予孩子心理上的安全感。

将外在因素与内在因素相融合，这样打造出来的学习环境不仅可以提高孩子的注意力、提升孩子的成绩，还能培养孩子的优良品性。

学习型咖啡厅的秘诀

　　随着时代的变迁，咖啡变得更加大众化。喝咖啡的人越来越多，越来越多的孩子喜欢在学习型咖啡厅里学习。许多新的词语由此衍生，例如，"咖学族"（在咖啡厅里努力学习的人）、"咖工族"（在咖啡厅里认真工作的人）。可见，在咖啡厅学习或工作已经成了一种非常普遍的现象。

　　以前的咖啡厅和茶馆是人们见客人和休闲的场所；如今的咖啡厅早已改头换面，变成了有着超快网速和新型电脑的学习场所。人们在这里上网冲浪，享受着互联网带来的便利。我们随意走进一家咖啡厅，都可以看到认真工作或学习的身影。

各人的学习习惯与目的不同，使得学习环境对学习者产生的影响也有所差异。因此，在座无虚席、安安静静的图书馆里，学习效率固然很高；但有时候坐在宽敞明亮、稍微有点噪声的咖啡厅里，学习效果反而会更好。

除此之外，有研究表明，学习效率甚至还会受到学习者每天的生物钟、心情、着装打扮的影响。如此看来，家中的学习环境、学习房的设计等对学习效率的影响也不容忽视。

那么，我们回想一下孩子现在的学习环境。如果父母没有搬家的打算，通常情况下，那就意味着孩子要在一成不变的学习环境中待上好多年。永远不变的结构和室内布置，会在无形中给孩子带来"压迫感"。如果此时你的孩子正处于这种情况下，而作为家长的你不仅从未意识到这个问题，还一味地用唠叨的方式给孩子施压，那么你就有必要反思一下了。

就像穿新衣服会莫名让人心情变好一样，学习环境也需要进行周期性的改变才能让孩子学习更有动力。即使只是定期更换一些对学习有帮助的小物件或用具，也能够激发孩子的学习兴趣，为沉闷的学习环境注入"新鲜血液"，带来新的活力。

每个人都喜欢穿合身的衣服，春夏秋冬的衣服样式也都各不相同，所以学习环境也需要量身定制，即根据孩子的成长变化及时做出调整。相信孩子在这样动态变化的、充满新鲜感的环境中学习，对待学习的态度会发生很大的改变。

略微不舒适的环境能够有效提高
专注力、增强记忆力

通常，父母在布置孩子的学习房时总想尽可能把它装饰得温馨舒适一些，但其实有些学习房看似舒适，对提高孩子的注意力却并没有太大帮助。

如果仔细观察一下学校的教室，我们就会发现教室里只摆放了一些桌子和凳子。硬邦邦的书桌上除了课本、笔记本和一些学习用具之外，没有多余的物品。即便身处这样的环境，孩子们也可以坐在凳子上长时间地专注于学习。

相比之下，能够长时间坐在松软的座椅上、舒适的书桌前学习的孩子却并不多见。因为孩子在安逸舒适的学习环境中没有紧张感，不舒适甚至有些简陋的学习环境反而能有效提高孩子的专注力与记忆力。

不舒适的感受会让孩子处于紧张的状态中，这种状态能够刺激交感神经分泌肾上腺素与去甲肾上腺素。这两种激素的分泌最终会激活大脑中的杏仁体，从而在需要记忆的信息中附加上感受和情绪。

如果我们记忆的只是单纯的信息，那么随着时间的流逝，这些信息就很容易被遗忘，而带有感受与情绪的记忆则会较长时间地储存在我们脑海中。例如，"火是热的""冰是冷的"，这些带有强烈感受的记忆，只要经历一次，便终生难忘。学习也是如此。如果将学习的内容赋予感受与情绪，就可以增强记忆的效果。简言之，在略微不舒适的环境中学习，会让孩子产生适度的紧张感，进而激活杏仁体，帮助孩子更好地记忆学习的内容。

因此，昂贵舒适且功能多样的学习设备固然不错，但营造稍显简陋、不那么舒适的学习环境也十分关键。例如，可以选购木制桌椅、能自由组合的书桌与书柜（将书桌与书柜分开使用）等。

家里的每个角落都可以
成为孩子的学习场所

　　通常来讲，我们会认为家里有很多干扰注意力的因素，在这种环境中孩子很难踏实地学习，所以，父母会把孩子严格地限制在学习房里学习。但是如果父母强制孩子待在学习房里不出门，只会让孩子感到压抑不适，慢慢地，孩子的注意力便开始分散。

　　孩子长时间待在封闭的学习房中并不意味着在专心学习，只是父母看不到他的状态，误以为他在专心学习。父母需要帮助孩子找到适合他的最优学习环境，不要将孩子限制在学习房中，例如，可以打造开放型学习房或在家中设置多个学习空间。

要想打造适合孩子的最优学习环境，就要先确定孩子的习惯和喜好。如前文所述，有的孩子在有适当噪声的咖啡厅里学习效率高，而有的孩子在安静的图书馆里才能提高专注力。因此，什么样的环境才是最优学习环境？这个问题的答案因人而异。

但是父母脑海里一定要有这样的概念：孩子不是必须在学习房里学习，家里的每个角落都可以成为孩子的学习场所。例如，客厅、餐厅、阳台甚至连卫生间，都可以成为看书学习的区域。

在那些学习成绩较好的孩子中，有的孩子确实可以在固定的学习环境里专注学习很久，但有的孩子则喜欢在学习的时候不断变换场所。

所以，父母可以把客厅里的茶几、餐厅里的餐桌布置一下，营

造出适合学习的氛围。例如，在餐桌上放一本书而不是一些零食；将家里的其他几处地方布置成适合学习的空间，比如在沙发旁放一个边几等。孩子如果在一个区域感到学习效率下降的话，就马上"转战"到下一区域继续看书学习，这也是一个不错的方法。

开放式的学习空间可以将孩子与家人连接起来，孩子能够感受到父母的陪伴，一家人一起努力、其乐融融的氛围，也会让孩子更加愉悦地学习。不仅如此，开放式的学习空间还可以增加孩子与父母沟通的机会，提高孩子的思考能力和表达能力。请相信，一个真正可以在这个社会独当一面的会学习、会思考的人，很大程度上都不是通过死记硬背课本知识学出来的。作为父母，我们要尽量从孩子小的时候开始，多跟孩子沟通，多和孩子讨论问题，引导孩子进行思考，慢慢提高孩子的思维能力、逻辑能力、表达能力和与人沟通的能力。

除此之外，建议父母们每隔 6 个月就改变一下孩子的学习房的布置，哪怕只是给家具换个位置、添置一个小物件，都能让孩子感受到氛围的变化。如果孩子有兄弟姐妹，也可以偶尔让他们互换房间。新的房间会让孩子感到耳目一新，从而产生新的思考与感受。

另外，父母还要注意学习房通风的问题。孩子长时间待在密闭的空间里，房间里的二氧化碳的浓度就会增加，从而引发困意。大脑的运转需要消耗很多氧气。待在二氧化碳浓度超标的空间里，人的大脑得不到充分的氧气供给，活跃性降低，学习效率自然就会下降。所以，父母要让孩子的学习房保持通风，还可以在房间里养一些绿植，或者放置一台空气净化器。

这样打造学习环境能够
提高学习效率

    优质的学习环境能够提高孩子的学习效率，但这并不意味着一种学习房的设计方案可以适用于每一个孩子。父母在设计学习房时要充分考虑到孩子的性格与学习习惯，这样打造出来的学习房才能真正对孩子的学习有帮助。

    书桌、座椅、书柜、阅读支架、灯光等与学习有关的用具可以尽量根据孩子的喜好来准备。另外，家具的款式、学习房的整体色调也要尽量根据孩子的心理特点、生理状态、日常习惯来确定。孩子能够在自己专属的学习环境中学习，也会感觉更加幸福。

    重要的是，孩子在学习时，要清空桌面上多余的杂物，只需留下学习要用的书本。干净整洁的桌面可以让孩子静下心来，从而使他更加高效地学习。整理桌面时，父母还可以顺便帮助孩子养成把用完的物品放回原处的习惯。

    除此之外，父母还可以尝试与孩子一起制定规则。现如今，对孩子而言，诱惑无处不在。有时候，孩子的身体虽然端坐在书桌前，但他的整个心思都在电子产品上。或者，孩子开着电脑，美其名曰是在听网课，但其实是在偷偷打游戏、聊天。

下面是一些具体的建议，大家可以根据家里的实际情况进行调整。

▼ 将电脑放置在客厅等区域，让与学习无关的物品远离孩子的视线，甚至可以使客厅和书房一体化，将传统的客厅打造成书房，将电视背景墙换成书柜等。同时，跟孩子一起制定使用电子产品的规则，比如规定时长等，并鼓励孩子认真遵守规则。还可以设置手工区域、游戏区域及其他活动区域等，让孩子有更多休闲娱乐项目可以选择。

▼ 尽量不要在桌面上放置玻璃台板。一方面，玻璃这种冰冷的材料会降低皮肤温度，由此产生的温差会导致孩子犯困。另一方面，很多孩子喜欢将照片或便利贴压在玻璃台板底下，这样做容易分散孩子的注意力。

▼ 桌椅的高度需根据孩子的身高进行调整。处于成长阶段的孩子发育得很快，我们建议选择可以自由调节高度的桌椅。

▼ 明确划分好学习与休息区域。最好的方法是将休息和学习的地方分开，如果无法分开，就尽量把床放在远离书桌的位置。

书桌的摆放对孩子
注意力的影响

书桌摆放有讲究

孩子的学习房里最重要的家具是什么？当然是书桌了。所以我们在挑选书桌的样式、大小时往往会花费更多的时间、精力与财力，但这并不意味着鼓励大家一味地选择高价位、高品质的书桌。比起给孩子提供昂贵的书桌，为孩子营造适合自主学习的环境更为重要。接下来，我们来看一下打造优质学习环境的第一步——书桌的摆放。

首先，要尽量避免孩子坐在书桌前学习时背对着房门。很多父母因为担心孩子看到房门就会不由自主地想要出去玩儿，所以干脆把书桌放在了让孩子背对着房门的位置。但是，房门完全不在孩子的视野范围内可能会引起孩子心理上的不安，尤其是小学生，他们注意力集中的时间较短，很难长时间老老实实地坐在书桌前，所以创造一个让孩子能够安心地坐在书桌前的环境很重要。

相信很多父母在学生时代也有过原本在书桌前坐得好好的，听到房门突然被打开的声音，被吓了一跳的经历吧？孩子如果有这样的经历，就会下意识地留意房门周围，从而导致分神。因此，把书桌放在房门侧面，可以有效增强孩子内心的安全感，提高其注意力。

其次，将书桌置于房门侧面时，让孩子背对着墙壁坐会更好。因为背对墙壁可以减少孩子一些不必要的动作，有助于孩子长时间坐在书桌前集中注意力学习。

同时，这样摆放书桌还可以避免孩子直接正面对着房门。研究表明，我们的眼睛如果长时间看着某个事物，就会产生对这个事物的想象。所以如果孩子坐在书桌前，房门频繁地闯入视线，他就会不自觉地产生走出房门的念头。因而在孩子学习的时候，为了防止其他事物进入孩子的视线让孩子产生学习以外的想法，父母就要选择可以将孩子的视线局限在书桌范围内的位置来摆放书桌。不过如果要满足这个要求，书桌前后就都要留出位置，这就要求学习房的面积足够大。

另外，需要注意的是，有的学习房面积比较大，父母会把书桌放在房间中间。殊不知将书桌远离墙壁摆放后，孩子坐在书桌前，心理就仿佛失去了支撑，心态也会跟着飘浮不定。孩子处在宽敞的空间里会感到更加不安，而且这种摆放方式会让孩子看到更多与学习无关的东西，不利于孩子集中注意力，所以要尽量避免这种摆放方式。

总的来说，通常我们推荐的摆放书桌的方式是，以房门为基准，书桌位于房门的侧面，这样孩子在抬头、低头时房门不会一下子进入视野内，而且孩子只需稍微转头就可以看到房门处发生的事情。这样做不仅能够降低孩子注意力分散的可能性，还减少了孩子的不安感。另外，将书桌的一端贴着墙壁，能够提高孩子心理上的安稳感。孩子的后背靠着墙壁，可以减少不必要的动作，提高注意力。

但这种方法并不适用于所有的学习房。每个学习房的结构、大小不同，书桌的最佳摆放位置自然有所不同，而且，孩子的喜好也会影响学习房的整体布局，所以父母了解摆放书桌时避开哪些位置最为重要。

将书桌摆放在凉爽的北面

    人会因为环境温度上升而感到困意，比如，在阳光温暖的照射下人就很容易犯困。所以把孩子的书桌放在清爽凉快的北面有利于孩子保持头脑清醒，因为北面很少有阳光直射、温度偏低，孩子坐在书桌前不容易犯困。但对那些处在情绪发展重要阶段的学龄前儿童或者小学生而言，书桌摆放在向阳处也有一定好处，父母可根据孩子的具体情况进行选择。

    另外，如果学习房朝南，光照比较充足，那么书桌最好放置在远离窗户的位置。很多父母倾向于直接把书桌摆放在窗前，他们认为在明亮的环境下学习效果会更好。也有的父母认为孩子正处于生长发育阶段，在学习的时候顺便接受充分的阳光照射是一举两得的事情。

但实际上，过于刺眼的阳光不仅会降低孩子的专注力，还容易使眼睛疲劳，导致视力下降。

不仅如此，冬天或换季期从窗户缝里渗进来的冷空气会增加孩子患感冒的风险。并且，窗外的风景很容易让人陷入遐想，窗外的噪声也会使人注意力不集中。但如果受学习房的布局限制只能把书桌放在窗前，那么父母可以使用百叶窗、卷帘、布艺窗帘等物遮挡刺眼的阳光。

另外，摆放书柜时，以墙壁为基准，前后依次摆放书柜、椅子、书桌，这样的布置能够给人安全感。如果前后空间不够，也可以把书柜放在侧面，手不能直接够到书柜也无妨。

父母要及时清理书柜中不需要的书或者孩子不经常看的书，并在与孩子视线平行的高度、最显眼的地方放上他喜欢看的、经常看的或者必须看的书。就像在书店里，工作人员总是会把畅销书放在最显眼的位置，这是因为人们会对眼前所见的东西产生好奇心，或者产生想要得到的欲望。这种营销策略正是利用了消费者"见物生心"的消费心理。将这种营销策略应用在孩子学习房的布置方面也是个不错的主意。

将床摆放在远离房门、靠近窗户的位置

孩子的床最好远离房门，放置在窗户附近。想象一下，如果孩子打开房门首先看到的是床，会怎么样呢？一般情况下孩子很难抵制床的诱惑，很有可能直接躺在床上看书学习。其实，孩子在学校已经精神紧绷地学习了一整天，回到家想舒舒服服地躺在床上学习也在情理之中。

但是绝对**不要让孩子养成在床上学习的习惯**。在床上学习很难保持正确的姿势，时间久了孩子的颈椎和腰部都会受到损伤。而且孩子在床上很难集中精力学习，最终的结果很可能是没学一会儿就倒下呼呼大睡了。

所以，如果孩子有在床上学习的习惯，父母一定要帮孩子改过来。在床上学习不仅姿势不对，学习效率也会大大降低。如果孩子实在改不掉在床上学习的习惯，父母可以考虑将床搬出学习房，将孩子的卧室与学习房分开。如果家庭学习氛围较好，还可以考虑将客厅打造成书房，卧室里则设置简单的阅读区域。总之，我们的宗旨就是让孩子意识到在床上学习不是一个好习惯。

如果父母选择在学习房里放床的话，应尽量把床放在背对书桌的位置。或者用高度合适的书架将床与书桌隔开，孩子坐在椅子上看不到床即可。因为如果床在孩子的视线范围内，或多或少都会对孩子造成影响。"坐下了就想躺着，躺着就想睡觉"，这是很多人的自然反应。当然，孩子如果有毅力抵御这种"诱惑"，也会更有毅力努力学习，实现自己的目标。家长可根据自己家的实际情况进行布置。

另外，按照目前的摆放方法，如果书桌在北面，床铺自然就要放到南面或者东南面——床头朝南的床铺也比较有利于睡眠。

小贴士

床铺的摆放位置

- ▼ 放在南面或者东南面。
- ▼ 放在有阳光照射的窗边。
- ▼ 放在离房门最远的位置。
- ▼ 床头不要正对着房门。
- ▼ 不放在房间的正中间。
- ▼ 孩子躺在床上能看到房门。

学习房里的非必需品

·

孩子的学习房里可能有书桌、书柜、床铺、梳妆台、电脑等各种各样的家具和物品，想一想，这些都是孩子学习时的必需品吗？

很多孩子的学习房里都有一台电脑，孩子会忍不住用电脑打游戏或者上网冲浪，这在无形中占用了很多学习时间。

而且，长时间玩电脑游戏会引发很多问题。一旦沉迷于玩电脑游戏，时间就会在不知不觉中流逝，孩子会经常忽略饥饿、困倦等身体信号。沉浸在网络世界里，还会让孩子不再愿意与家人、朋友沟通，逐渐脱离现实社交。

诚然，在当代社会中，电脑除了可用于娱乐，也在孩子的学习中扮演着不可或缺的角色。用电脑上网课、查资料已经成为一种普遍趋势，孩子学习、写作业更是离不开电脑。那么，电脑究竟放在家里哪个位置比较合适呢？

一些缺乏自制力的孩子一旦沉迷于玩电脑游戏将难以自拔。如果把电脑放在这些孩子的学习房里，孩子玩游戏、独处的时间增多，与家人沟通的时间便会减少。考虑到这一点，父母应该将电脑放置在客厅里，这样孩子会自然而然增加与家人交流的频率，还可以在父母的引导下科学地规划使用电脑的时间，养成正确使用电脑的习惯。并且，在孩子的成长过程中，多与家人沟通可以提前锻炼孩子的社会适应能力。

如果孩子不能很好地规划使用电脑的时间，父母可以在电脑上安装自动关机的程序。只要到了提前设置的时间点，电脑就会自动关机，这在培养孩子自制力方面也不失为一种好方法。

如果因条件限制必须把电脑放在学习房里，那么即使房间空间狭小，也应该尽量把电脑桌与书桌分隔开。平时父母要多教育孩子，让孩子知道电脑不只是娱乐的工具，还是学习的好帮手。

青春期的孩子通常会更关注自己的外貌，有的孩子甚至会因为过度重视外貌而忽视学业。他们可能会随时随地拿着便携小镜子，还会长时间地趴在梳妆台前仔细端详自己。这个时候，父母需要对孩子的外貌观多加引导，从而减少孩子对外貌的过度关注。

处于青春期的孩子开始在意外貌是情理之中的事情，但是父母要让孩子知道，外在美固然重要，心灵美更重要，要引导孩子树立健康的外貌观。

学习房内的家电与家具数量应尽量减少，用不到的物品也要及时进行收纳整理。学习房里除了不放电脑、梳妆台，也不要出现手机的"身影"。现代社会，几乎人手一部手机。如果将手机放在学习房里，孩子在学习过程中还要抵制手机的诱惑，学习效率会大大降低。这里推荐大家使用手机保管箱，它可以帮助孩子规律使用手机。手机保管箱不仅具有保管的功能，还能给平板电脑和手机充电。它的操作很简单，只需打开保管箱，将手机锁在里面即可。当然，手机保管箱里不要只放孩子的手机，大人的手机也要一并放进去。大人给孩子做好榜样，才能达到理想效果。

还有一个干扰孩子学习的物品，那就是电视。电视虽然不会放在学习房中，但很多父母为了减少孩子的哭闹或者不让孩子打扰自己，会无节制地给孩子看电视。其实，孩子 2 周岁之前最好不要看电视。《儿童头脑百科》一书中指出，如果让未满 2 周岁的孩子看电视，可能会导致孩子语言发育迟缓，电视鲜艳的色彩与快速切换的画面也会影响孩子注意力的提升。相关研究表明，未满 3 周岁的孩子观看暴力画面，患注意缺陷多动障碍（ADHD）的概率要比不看的孩子高出 2 倍左右。

但这并不意味着孩子不能看电视，只是要有节制。孩子 2 周岁以后，父母可以给孩子播放一些符合其智力发展阶段的教育广播节目。2 ～ 5 岁的孩子一天看电视的总时长不可超过 1 个小时，单次时长不要超过 20 分钟。

父母可以给孩子提供不看电视的"补偿"方案。当孩子沉浸在某件事情中无法自拔时，父母想阻止孩子的这种行为，就需要用另一种方案来代替，可以带孩子玩游戏，如搭积木、拼拼图、画画、游泳、去公园等，转移孩子的注意力，让孩子的日常生活变得丰富起来。孩子有了足够多可以做、可以体验的事情，就不会过度沉迷于虚拟的世界了。

非独生子女的学习房应该怎么布置?

　　家里有两个及以上孩子的父母通常纠结这样一个问题:可以让孩子们共用一个学习房吗?原则上,让每个孩子在单独的学习房里学习效果会更好,但是如果孩子们年龄差不大,性格、爱好相似,也可以让他们共用一间学习房,这样在学习时还能够互相帮助。

　　如果家里有两个儿童房的话,可以将睡觉与学习的房间分开。孩子们一起学习的时候,可以比赛谁先完成学习目标,形成竞争意识,从而产生积极的协同效应。

　　不过孩子们共用一间学习房也有弊端,即父母管教不严的话,孩子们就容易相互聊天,影响学习。

　　非独生子女的学习房应该怎样布置呢?

　　我们建议书桌并排摆放,在中间做隔断,隔断的高度设置为孩子一抬头就能看到对方的脸即可。这样布置会让孩子们有一起学习的兴奋劲儿，激发他们努力学习的动力。

但是，这种布置方法只适用于平常的学习，如果遇到大型考试或者重要的科目考试，还是要给每个孩子提供独立的学习空间。例如，父母可以在学习房里再添置一张自习室式书桌，这样虽然孩子们还是在同一个房间学习，但是这种书桌的左右两边都有围挡，相当于为每一个孩子设置了一个独立的空间。如此不仅可以缩小孩子的视野范围、与外部环境隔绝，还能减少一部分噪声、提高孩子学习的专注力。

其实，为了提高孩子学习的专注力，一些独生子女的父母也会选择这种自习室式书桌。但这种自带围挡的书桌会让人感到压抑，所以不建议年龄太小的孩子使用。而且在小学阶段，相对于提高学习专注力，更重要的是锻炼孩子讨论问题、相互学习的能力，这样才能提高孩子的创新能力与表达能力。到了中学阶段，父母就可以在学习房里放置一张自习室式书桌，与普通书桌搭配使用。

另外，还可以选用站立式书桌。站立式书桌一般作为辅助书桌，在孩子犯困的时候用来提神。如今，站立式书桌也开始应用在学校教室中了，供那些上课时犯困、想要提神的学生使用。之后我们还会详细介绍辅助书桌。

总之，这些布置都需要考虑孩子们的共性和差异性，另外让孩子们参与到共用学习房的布置当中，也会创造出更好的结果。

Chapter

03

学习房中家具的选择

学习房中最重要的家具——书桌

正如前文所述，学习房里最重要的家具是书桌。几乎所有的学习房里都有书桌、书柜，有的学习房里还放有床、梳妆台、杂物柜、衣柜等。但大多数学习房的面积都不大，所以要想让小空间得到大利用，就要在家具的选择与摆放上多费些心思。

考虑到更换学习房里的家具是一笔不小的费用，很多父母索性选用了可以供孩子使用到高年级的成人书桌。但这种大型书桌与孩子的身高不匹配，孩子坐在书桌前不仅会感到不舒服，还很难久坐。孩子的身体一直在发育，让孩子不断增长的身高去"迎合"固定高度的书桌，孩子难免会有不适感。

最近，可升降的桌椅在市场上很畅销，父母可以为孩子购置。如果已经购入了固定高度的桌椅，而且家里有两个孩子，可以等到家里的老大升到高年级后，让弟弟或妹妹接着用原桌椅，然后再置办一套可升降桌椅。

另外，昂贵的家具不一定就是好家具。很多父母认为只有昂贵的家具才对孩子的学习有帮助，不惜花高价购入功能多样的大型家具。但事实上，只有适合孩子当前成长阶段的家具才是真正的好家具。

许多父母在孩子上小学后就开始为孩子准备学习房，但所谓的学习房并不是在房间里放一张桌子那么简单，重要的是创造一个适合孩子的环境。

首先，孩子的书桌要随着他的成长不断更换。高度合适的书桌能够帮助孩子矫正学习姿势，养成好的学习习惯，因此要根据孩子的发育程度定期更换书桌。除此之外，父母还可以选择具备自由设计组装功能的书桌，或者使用能够自由调节高度的可升降桌椅。

其次，对于低年级孩子，书桌最好选用原木材质的，床也建议选用有曲线美的原木材质的，窗帘的颜色以温暖明亮为宜，这样可以更好地让孩子保持积极的心态，激发孩子的创造力。

最后，书桌的大小会影响孩子的学习效率。比起大板直拼式的桌子，小桌子更能提高注意力，因为小桌子放不下与学习无关的东西——这些东西可能分散孩子的注意力。孩子阅读的时候，还可以搭配阅读支架，这样能很好地保护视力。

不在学习房里摆放玻璃制品

  在桌子上放一块玻璃台板会给人一种干净透明的感觉，而且能够防止尖锐的物品刮伤桌面，对桌面起到了很好的保护作用，所以很多家长在购买书桌时也会顺便买一块玻璃台板。

  但是由于玻璃材质冰冷，当身体的一部分贴到玻璃表面时，孩子会产生不适感。而且比起木质桌面，玻璃具有更高的导热性，冰冷的玻璃会导致体温发生变化，人体就会消耗部分能量来调节体温，而能量的消耗容易使人犯困。

  另外，玻璃材质透明，可以反射出坐在桌前的孩子的倒影，但又不像镜子那么清晰，模糊的画面会干扰孩子的注意力，也会让孩子产生困意。玻璃表面光滑，可以反射大量的光线，反射出来的光线进入眼睛，会导致孩子视疲劳，长期的视疲劳也会使注意力难以集中。

很多家长购买玻璃台板是为了追求桌面干净明亮的效果，但其实时间一久，玻璃下面就会铺满"致父母的一封信"、英语字母表、元素周期表等杂七杂八的东西，桌面就变得凌乱起来，而且这些东西也会分散孩子的注意力。

如果父母担心拿掉玻璃台板后桌面容易被刮花，可以铺上一层没有花纹的米色或其他纯色的桌布。所以，请果断地拿掉桌子上的玻璃台板，为孩子集中精力学习扫清障碍。

另外，学习房里也要尽量避免摆放玻璃鱼缸、大花瓶等物品。

辅助书桌可以这样使用

除了基本的书桌，孩子在学习时还可能用到辅助书桌。辅助书桌的种类很多，用途也非常广泛。对低年级孩子而言，可以选择可移动书桌，方便父母陪伴学习；对高年级孩子而言，可以选择自习室式书桌，提高学习时的注意力；除此之外，还可以选择站立式书桌，让犯困的孩子提神醒脑，等等。

可移动书桌

可移动书桌有助于培养孩子的学习习惯。低年级孩子经常需要父母在客厅或者餐厅里陪伴学习，可移动书桌方便孩子自由选择学习场所。

孩子年幼时，父母要尽可能陪孩子一起学习，给孩子读书，回答孩子五花八门的问题，不要让他自己待在学习房里。

所以，我们建议父母打破使用传统固定书桌的思维模式，购买可移动书桌，给孩子创造一个自由随性的学习环境。

家居学习舱

这里介绍的家居学习舱是一个长 1.1 m、宽 0.8 m、高 2.1 m 的立柱形的学习舱。舱内放有木制桌椅，外门嵌有一小块透明玻璃。因为四周封闭，孩子在里边学习可以不被外界干扰。

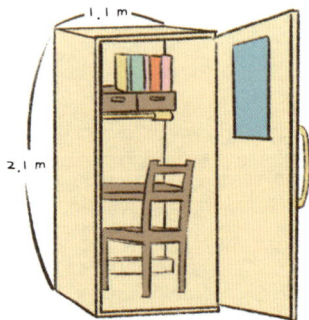

当然，是否选择家居学习舱还要根据孩子的性格和心理状态来决定，因为有的孩子在狭小封闭的空间里有安全感，容易集中注意力学习，而有的孩子在封闭的空间里会感到憋闷，反而不利于集中注意力。

自习室式书桌

放假期间，有的孩子需要补习在校期间所学的课程，并且为新

学期做准备，这样一来，居家学习的时间就会变长。这个时候，家里的学习环境就变得十分重要，清新舒适的环境能够让学习达到事半功倍的效果。

为了提高孩子的注意力，很多父母会购买自习室式书桌。这种书桌的隔板具有隔绝外部环境与降噪的功能，让孩子可以集中注意力学习。

自习室式书桌虽然有"屏蔽"功能，但长时间使用会给人压抑、被隔离的感觉，因此要注意使用时长。另外，孩子使用自习室式书桌学习久了，到了真正上考场的时候，可能不适应突然变换的环境，这也是需要注意的问题。

总之，我们建议以普通书桌为主，以自习室式书桌为辅，这样搭配使用效果更好。

站立式书桌

很多孩子一天内的大部分时间都是在书桌前度过的。伏案时间越长，运动量越少，对身体的危害也越大。这会导致孩子患肥胖等疾病的风险增加。另外，有研究表明，久坐会影响大脑的记忆能力。

父母可以给孩子安排一个站立式书桌，让孩子在犯困时得到及时调整，唤醒大脑，提高注意力。美国得克萨斯大学公共卫生学院健康科学中心研究人员发现，

孩子站着学习比坐着学习更容易集中注意力，保持注意力的时长平均提升 12％。站立式书桌不仅可以提高孩子的注意力，提高学习效率，还能改善孩子的健康状况，提高其思考反应能力，进而有助于成绩的提高。

孩子在使用站立式书桌时也要注意站姿，尤其要注意挺直腰背，保证头、背、臀、脚在一条直线上。桌子的高度最好等于或略低于手肘的高度。另外，站立式学习也有其局限性，我们建议最好让孩子坐立交替地学习。

选用环保型家具

很多家庭在购买家具时都是购买一次，终生不换，所以在选购时除了追求款式，还要考虑材质是否环保安全、能不能经久耐用。走进家居广场，我们会发现到处摆满了床、壁橱、书桌等家具，令人眼花缭乱。购买时，我们要仔细选择家具的用料，认真辨别材质的种类与等级，警惕对人体有害的劣质产品。

实木家具固然好，但纯实木的家具价格昂贵，因此市面上用 MDF 板（中密度纤维板）和 PB 板（刨花板）制作的家具比较多，这些家具的优点是价格实惠、轻便。

那么，家具的材质有哪些呢？

实木

实木就是"原汁原味"的木材。相比较其他材质的家具，实木家具更环保安全，品质优良，美中不足的是价格昂贵。

胶合木

胶合木又称集成材，是由实木、窄板拼接而成的板材。在选购胶合木制造的家具时，要确认所使用的黏合剂是否有害。因为很多商贩为了降低成本，会使用毒性黏合剂，这种黏合剂会释放甲醛，危害我们的身体健康。

MDF 板（中密度纤维板）

MDF 板是以木质纤维为原料，通过压力和热力压制而成的一种板材。这种板材在凝固的过程中也会使用黏合剂，所以一定要确认是否会产生有害物质。

PB 板（刨花板）

PB 板是由实木材料的碎料添加黏合剂后在热力和压力作用下胶合而成的人造板。在 PB 板表面贴上一层木纹纸，经过热压就形成了装饰板。这种装饰板价格低廉，被广泛使用于各个领域，但制作过程中也会使用大量的黏合剂。

所有的木材都可以根据检测出的甲醛含量划分等级。从最小的等级 E_{NF} 开始，其后的等级依次是 E_0、E_1，数字越大，代表甲醛含量越高。

家长在选购家具时一定要看清环保等级。如果两件家具的价位接近，设计差异不大，建议优先选择环保等级高的产品。

韩国很多家庭使用的都是地暖系统，冬天供暖季，家具在高温下会加速释放甲醛。甲醛是一种无色气体，高浓度甲醛具有刺激性的气味。甲醛可致人出现过敏、皮炎、头痛、眼睛红痒、流鼻涕、喉咙不适等症状。长期暴露在甲醛中，会造成慢性中毒，使人患上呼吸道

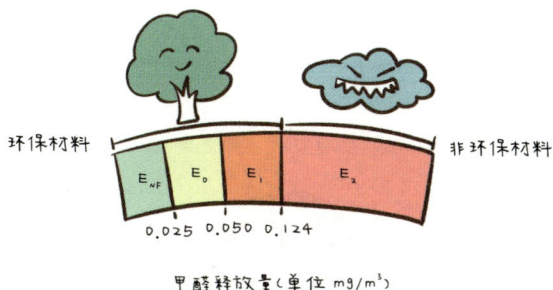

环保材料　　　　　　　　　　　　非环保材料

| E_{NF} | E_0 | E_1 | E_2 |

0.025　0.050　0.124

甲醛释放量（单位 mg/m³）

疾病，还会对神经系统产生影响，导致记忆力变差、注意力减弱等问题，甚至可能诱发恶性肿瘤。

不仅很多家具都会释放甲醛，新书也含有挥发性甲醛，所以建议家长购买新书后，最好在通风良好的地方静置几天再给孩子阅读。家里除了开窗通风外，还可以使用绿植、活性炭（定期更换）、空气净化器、甲醛清除剂等来除甲醛。

随着社会的不断发展，人们的生活环境也慢慢被合成化学物质所包围，韩国的市场上有 4 万多种含有合成化学物质的产品，但这并不是说合成的就是有毒的，所有物质都不能抛开剂量谈毒性。合理使用合成类化学材料，能让生活更加便利；而滥用合成类化学材料，相当于在身边埋下了"定时炸弹"。

如何选择学习专用座椅?

　　人坐在椅子上的时候，上半身的重量要靠脊柱来支撑。与站立时相比，坐着时腰部的负担更重。所以，选择坐垫时，要选用材质防滑且落座后能分散掉身体给腰部带来的压力的坐垫。座椅的宽度要跟坐下时屁股的宽度刚好吻合。坐下时若能轻松将腰贴到靠背上，则深度合适。通常来讲，椅面尺寸太大的话无法有效支撑腰部，所以尽量不要为了使用更长时间而给小孩选用大尺寸座椅。

　　另外，测试座椅的高度时，要脱掉鞋子，坐到椅子最深处，腰部贴在靠背上，两小腿下垂，与大腿成90°，双脚能自然触地即可。总之，椅子要调节到符合身高的高度，个子矮的孩子也可以搭配一个脚垫。

　　有研究表明，把胳膊放在椅子的扶手上能减轻脊柱10%的负担。虽然扶手的长度越短越好，但每个人的胳膊长度不同，所以最好选择扶手长度可以灵活调节的座椅。

旋转型座椅底部的滚轮非常灵敏，轻轻一推就能快速移动，且椅子还能旋转。对孩子而言，这种座椅非常有趣。他们坐在上面会不由自主地想转来转去，这很容易分散学习的注意力。这是昂贵的旋转型座椅的弊端。

当孩子把椅子当玩具时，我们不能责怪孩子，因为玩耍是人类的本能，而且这个年龄段的孩子注意力集中的时间本就不长，一把可以旋转移动的椅子就是一个很棒的玩具，就像游乐场里的旋转木马一样。记住，问题在于椅子，而不在于孩子。

与旋转型座椅相比，固定型座椅的好处是没有滚轮，也不能旋转，即使孩子左右晃动，椅子也依然很稳固，不会轻易分散孩子的注意力。并且，这种座椅材质坚硬，靠背固定，能帮助孩子矫正坐姿。

小贴士

选择学习专用座椅的小技巧

▼ 选择固定型座椅，而非旋转型座椅。

▼ 选择靠背稍微后仰的座椅，但后仰角度不宜过大。

▼ 给处在生长发育期的孩子配置可升降座椅。

▼ 推荐带扶手、不带头枕的座椅。

▼ 比起硬质椅面，更推荐带有一定弹力的椅面。

书柜的高度不高于孩子平视时的视线

　　书柜的款式多种多样，分为儿童书柜、一体式书桌柜、独立书柜等。究竟哪种书柜适合孩子呢？

　　首先，要看书柜的高度。书柜的高度不宜高出孩子平视时的视线。孩子只要一伸手就能够到最顶层的隔板，这样的高度比较合理。虽然孩子有很多方法都能够到书柜的最顶层，但书柜设计得过高，平时拿书不方便，也会让孩子产生压迫感，因此建议选用适合孩子身高的书柜。

　　其次，要看书柜的款式。书柜的款式各式各样，可以根据学习房的布局与孩子的喜好来选择。但无论选择什么款式，都要尽量保证边角圆润，避免购买边角未经细致打磨的书柜。

　　如果家中书柜较高，家长可以把孩子经常看的书放置在与他视线齐平的高度上。另外，可以将百科全书之类的工具书放在书柜的上下两端。已经不使用的课本、参考书、习题集等资料要及时收起来或处理掉。因为除了基本的工具书外，很多书以后大概率不会再翻开，放在书柜里也只是吃灰，而且书柜上堆积如山的过期学习资料只会让孩子感到喘不过气来，徒增学习压力。书柜要定期进行整理，不要塞得太满，以免影响孩子使用书柜的频率。

影响孩子学习
效果的照明环境

灯光过亮会造成光污染

你有没有想过，为什么环境优雅的西餐厅和咖啡厅里的灯光这么柔和温馨，而图书馆和自习室里的灯光却那么明亮？这是因为场所与用途不同，照明的效果也要随之改变。

精致的西餐厅和咖啡厅是用餐、休闲的场所，自然要营造一种典雅舒适的氛围，而图书馆和自习室是学习场所，明亮的光线能让人集中注意力学习。

然而，如果夜间灯把一个空间照得如同白天一样亮，这种长时间、高强度的人工照明就变成了光污染。受到光污染后，植物无法区分黑夜与白昼，无法正常生长；夜间出行的动物不能捕猎、交配，扰乱了生态秩序；候鸟无法准确找到迁徙路线。不仅如此，人体受到大量的光污染会导致睡眠系统紊乱。

这也是大部分天文台都远离城市，建设在隐蔽山林中的原因。因为只有远离城市的光污染，人们才能更清楚地观测到天体。

符合人体生物钟的自然照明

　　自然照明对人体系统也有很大的影响。为了有效利用这一关联性，人们研究出一种全光谱 LED 照明技术^①，利用这种技术生产出来的照明产品的光谱接近太阳光谱，更符合人体生物节律，所以受到了广大消费者的青睐。光谱的连续性越好，灯光就越舒适自然。接近自然光的全光谱 LED 灯有诸多优点。首先，与传统照明相比，全光谱 LED 灯对孩子的眼睛更好。其次，它有助于改善人体生物钟、放松身心，还能提高孩子学习时的注意力，增强其创造力。

　　不仅如此，有研究报告称，将小学教室的白炽灯改为照明效果与自然光相似的全光谱 LED 灯后，孩子们的缺勤率减少了 65%。

　　自然光之所以比白炽灯光的效果好，是因为自然光能降低体内的皮质醇水平，增强免疫力。另外，很多研究表明，全光谱 LED 灯的灯光对炎症和皮肤病患者也是有益的。

---

　　① 译者注：全光谱 LED 照明技术是一种模拟自然光（日光）光谱的照明技术。全光谱 LED 灯的使用者可以在一定范围内自由调节色温，在室内模拟早晨、中午、黄昏等一天中不同时间的光线的变化。

小贴士

光的治疗效果

可见光的波长范围是 400 nm（紫色）～ 700 nm（红色），780 nm 以上是红外线。

不同波长的光的作用

波长（nm）	作用
405～630	治疗痤疮、疣等皮肤病
630～660	减轻炎症反应
660～970	帮助减轻紫外线造成的损伤
805～970	防止留瘢痕
870～970	防止皮肤激光手术后的色素沉淀

使孩子思维活跃起来的光照

　　氛围和灯光改变，人的生理状态和心理状态也会随之改变，大脑会释放不同的脑波。脑波大致可分为 α 波、θ 波、β 波和 δ 波 4 种。处在兴奋或紧张的状态下，大脑会释放 β 波；在深度睡眠时，大脑释放的是 δ 波，这是一种活动缓慢的脑波；在深度放松、无压力的潜意识状态下，大脑会释放 θ 波；而大脑处于清醒状态时则释放 α 波。

　　α 波被称为学习与思考的最佳脑波，当人的意识清醒、身体放松时，大脑释放 α 波，这时脑部获得的能量较高，运作会更加快速、顺畅、敏锐。

　　当人的身体进入深度放松的状态时，大脑释放 θ 波，对于外界的信息呈现高度的受暗示状态。θ 波可以刺激大脑中的海马体，让海马体处于"开心"的状态，从而有效提升记忆效率。所以，θ 波又被称为"通往记忆与学习的闸门"。

　　我们在学习的时候要集中注意力，最大限度地发挥记忆力，才能增加大脑的信息处理量，因此最好的状态就是让大脑保持适当的清醒，即让 α 波或 θ 波尽可能活跃起来。在提高孩子的学习效率方面，优质教材和有效的学习方法的确很重要，给孩子准备良好的学习硬件，让孩子找到适合学习的大脑状态也很重要。

那么在学习的时候，怎样才能激活有助于孩子学习的 α 波和 θ 波呢？

要想让孩子**激活 α 脑波**，父母可以给孩子播放 α 音乐。α 音乐能够让孩子快速进入最佳学习状态，激发他的灵感，使他的思维更有创造性，学习更有效率。α 音乐通常节拍在 60 ～ 70 BPM（拍 / 分），频率在 8 ～ 14 Hz（赫兹）。

要想让孩子**激活 θ 脑波**，首先，父母要保证孩子拥有充足的睡眠，睡眠不足会导致海马体功能紊乱、记忆力下降；其次，学习时保持适度的饥饿感，饥饿时胃部分泌的饥饿激素会让海马体神经元产生增强作用。比如，父母可以帮助孩子养成晨读的习惯，即让孩子利用好起床后到早餐前的时间。最后，来回走动也有助于产生 θ 波，因此，当孩子边走边背书或者晃来晃去地背书时不要打扰他。

除此之外，还有一个方法就是**保证适当的光照与光照时间**。阳光会向人的大脑发送清醒和睡眠的信号。这是一个自然的过程，身体会根据环境因素进行调节。阳光可以增加人体内血清素的含量，而较暗的环境会增加褪黑素的含量。血清素与更好的情绪、平静和注意力集中有关，而褪黑素则与睡眠有关。

适当的光照能够让孩子的思维活跃起来，提升大脑处理信息的能力，增强记忆力，提高专注力。2018 年中国科学技术大学的研究者发表在《细胞》杂志上的一篇研究报告证实，适度晒太阳可以增强动物的学习能力和记忆能力。

其实，对生长发育阶段的孩子来说，保证适当的光照时间是非常重要的。阳光不仅有助于孩子学习，还能缓解压力、放松情绪，让孩子拥有良好的心态。不仅如此，保证充足的光照还能有效预防近视。

但是，主要在室内学习甚至一直学习到深夜的孩子很难保证充足的光照，父母可以使用照明效果接近自然光的全光谱 LED 灯进行辅助。**合适的照明能够激活孩子的 α 脑波或 θ 脑波，让孩子的思维活跃起来。**

需要注意的是，即使全光谱 LED 灯的照明效果接近自然光，也不能做到完全和自然光一样，因此，不能完全依赖全光谱 LED 灯。

改变光照可以改变孩子的学习状态

通常，孩子的学习房里使用的是传统的白炽灯。有些白炽灯的光线很暗，不能照亮整个桌面。不合适的灯光颜色容易导致脑波的波动范围较大，从而使孩子出现过于低迷或过于兴奋的状态。使用传统照明还会加重眼睛的负担，使眼睛产生疲劳感，导致视力下降。

这样的学习环境，自然难以让孩子的思维活跃起来。因此，为了让孩子能够集中精力学习，父母需要对"照明的重要性"有科学的认识，然后根据孩子的具体情况调节灯光，以提高学习效果。并且，学习不同的学科时可以使用不同亮度与色温的灯光。

比起在学习房中使用白炽灯，使用可调节亮度和色温的全光谱LED 灯更好。这种灯耗电量低，寿命长，而且几乎没有频闪现象，有助于预防近视。

目前市面上推出了很多可调节亮度和色温的全光谱 LED 灯，不仅有台灯，还有顶灯。孩子可以通过简单的按钮操作，轻松调节适合各科目学习的亮度和色温。在这样的灯光下学习，能够最大限度地给孩子营造优质的照明环境，提高其注意力，帮助孩子保持专注的学习状态，进而提高学习成绩。

学习不同的学科可使用不同的灯光

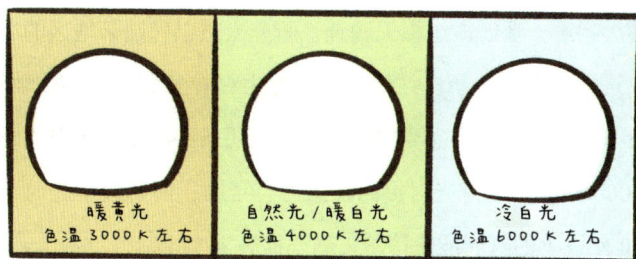

| 暖黄光
色温3000K左右 | 自然光/暖白光
色温4000K左右 | 冷白光
色温6000K左右 |

韩国某建设公司推出了可以根据创意、思维、集中、休息4种模式选择色温的 LED 照明公寓。创意模式下的色温是 3000 K，适用于美术、音乐、体育等注重艺术性与感受力的学科的学习；思维模式下的色温是 5000 K，适用于语文、英语、社会学等强调词汇量与思维能力的学科的学习；集中模式下的色温是 6000 K，适用于数学、科学等需要高度集中注意力与较强分析能力的学科的学习；休息模式下的色温是 4000 K，是最常用的色温，这属于普通模式。

色温的单位是"K（开尔文）"，人们通过色温数值的大小可以判断灯光属于暖色调还是冷色调。色温数值越小，灯光越偏黄色暖光；色温数值越大，灯光越偏蓝色冷光。色温小于 3300 K 属于低色温暖光，大于 5300 K 属于高色温冷光，3300～5300 K 属于中色温中性光。

灯光与孩子的学习有着密切的关系。奥特·约翰博士在其著作《光与健康》中指出："学生在单调没有色温变化的地方学习，是导致其精神不振的主要原因。"同时，他还提出："在适宜的光谱照射下学习的孩子学习成就感高、缺勤率低，课上开小差的现象也大大减少。"

韩国顶尖理工类大学之一韩国科学技术院（KAIST）曾就照明对学生的影响这一课题做过相关调查，研究人员以韩国某地区的小学生为对象进行了调查分析。结果显示，学生观看多媒体与解数学题时，要想取得较好的效果，需要用到不同的照明条件。观看多媒体时，色温为 5000 K 左右的灯光对提高注意力有帮助；而解数学题时，色温为 6000 K 以上的灯光能使答题正确率提高 17% 以上。

因此，在不考虑其他因素的理想状态下，孩子学习不同的科目时，可以使用不同的灯光来帮助其提高学习效率。

学习创意类学科时，选用温暖的黄色灯光

色温在 3000 K 左右时，灯光会呈现出温暖的黄色。这种色调的光可以提高孩子的感性思维，适用于学习需要创意的学科，也适用于举办艺术活动。另外，温暖的黄色灯光还有助于放松身心，减轻身体的紧张感。

学习语文、英语时，选用明亮的黄色灯光

色温在 4000 K 左右时，灯光会呈现出明亮的黄色。日出后 1 个小时的日光就是 4000 K 左右的色温，光线比较柔和、明亮。这种色调的光对学习语文、英语、社会学等以语言为基础，且要求理解与记忆的学科有帮助。另外，它还有缓解疲劳的效果，适用于需要长时间集中精力的学习状态。

学习数学、科学时，选用明亮的白色灯光

色温在 6000 K 左右时，灯光会呈现出明亮的白色或蓝色。这种色调的光可以进一步提升注意力，刺激大脑，有助于大脑的快速运转。这种色调的光适合需要逻辑思考能力的数学、科学等学科的学习。美国托马斯杰斐逊大学的研究人员曾做过一个实验，即分别用蓝色灯光和绿色灯光持续照射受试者 6 个小时。结果表明，被蓝色灯光照射的受试者睡意更少，判断能力更好，反应速度和阅读速度更快。蓝色灯光能够引起人的警惕性和紧张感。

但是，现实中我们还需要考虑其他因素，如高色温对孩子视力的影响。色温超过 6000 K 后，孩子很容易出现视疲劳的问题。因此，处在生长发育期的孩子应尽量避免色温过高的灯光，以免伤害孩子的视网膜，增加近视的风险。而且高色温容易让人精神兴奋，在晚上使用会抑制体内褪黑素的分泌，干扰生物钟，影响睡眠。而 4000 K 左右的色温则是一个能够兼顾健康和学习效率的色温。

因此，我们建议父母在给孩子挑选台灯时，优先选择低色温在 3000 K 左右、高色温在 5000 K 左右的可调节全光谱 LED 台灯。[①] 孩子在学习不同科目时，可在此范围内进行适当调节。另外，夜间使用

---

① 译者注：根据我国最新发布的标准《儿童青少年学习用品近视防控卫生要求》（GB 40070—2021）和上海市地方标准《中小学校及幼儿园教室照明设计规范》（DB31/T 539—2020），教室照明灯具的色温范围宜为 3300～5300 K，即中间色温，灯光介于暖光和冷光中间。在这样的光线下，孩子产生的视疲劳更轻，而且可使大脑保持适度的兴奋性，有助于提高学习效率，更适合长时间读写。一般情况下，白天读写时照明色温为 5000 K 左右，晚上为 4000 K 左右。孩子在家里学习时的照明可参考此标准。

台灯时，建议色温以 4000 K 左右为宜。孩子睡觉前还可使用低色温灯光，营造睡眠氛围。

挑选全光谱 LED 台灯还需考量以下几点。

▼ 蓝光危害级别应为 RG0（无危害类）。

▼ 显色指数越高越好，指数越高代表在灯光下物体的颜色越接近真实颜色。LED 台灯通常显色指数 R_a（$R_1 \sim R_8$）不应小于 80。目前市面上较好的台灯显色指数可达 95 以上。另外，还要保证特殊显色指数 R_9 应大于 0。R_9 越高，视觉上红色饱和度越高，人眼舒适度越高。

▼ 防眩光值（UGR）越小越好，一般来说不应大于 19。UGR 光值低于 10，接近无眩光；UGR 在 10 ~ 13，几乎感受不到眩光；UGR 在 13 ~ 16，感受到不刺眼眩光；UGR 在 16 ~ 19，有眩光且有不适感；UGR 大于 19 则会感到很不舒适。

▼ 无可视频闪。频闪就是光源发出的光随时间呈快速、重复的变化，使得光源跳动、不稳定。完全消除频闪是不可能的，但可以将其控制在无可视闪频的舒适范围内。[1]

▼ 书桌区域的照度不应小于 300 lx（勒克斯，照度单位），最好大于 500 lx。照度指单位面积上所接收到的光通量，简单理解就是单位面积内获得多少光。根据时间和场合选择合适的照度也是很重要的。日本产业规格（JIS）指出：在

---

[1] 译者注：目前我国行业标准对合格产品的频闪要求是 3125 Hz。

家人团聚的时刻，客厅的照度在 150 ～ 300 lx 即可；如果需要仔细阅读或书写，则需要 300 ～ 750 lx 的照度。另外，孩子的眼睛健康很重要。孩子玩耍时，应避免使用光线昏暗的灯光，要确保 150 ～ 300 lx 的照度；在阅读和学习的时候，则需要确保照度在 500 ～ 1000 lx。[1]

▼ 光照均匀度最好小于 3。越接近 1，光照越均匀，越能更好地避免视觉疲劳。

近年来，市场上出现了很多智能全光谱 LED 台灯，相信家长用心挑选就可以买到优质的台灯。需要注意的是，家长应该定期检查学习房的照明情况，因为灯具用久了会越来越暗。如果发现光线变暗，需要及时更换灯。

照明单位科普

▼ 瓦特（W）是灯泡通电时消耗的电量。一般的三波长灯泡的瓦特数为 20 W，LED 灯泡的瓦特数为三波长灯泡的一半。

---

[1] 译者注：国家标准《读写作业台灯性能要求》（GB/T 9473—2022）规定台灯光度等级分为 A 级和 AA 级。A 级：中心区域的照度 ≥ 300 lx；总区域的照度 ≥ 150 lx；中心区域的照度均匀度 ≤ 3。AA 级：中心区域的照度 ≥ 500 lx；总区域的照度 ≥ 250 lx；总区域的照度均匀度 ≤ 3。购买时，可认准光度为 A 级或 AA 级的台灯，一般台灯底座上会有标注。另外，台灯的最大水平照度不应超过 2500 lx。

▼ 流明（lm）是光通量的物理单位。光通量的数值越高，灯越亮。（注意，瓦特不等于亮度，瓦特数越低的灯越节电。）

▼ 亮度和照度有些相似，但亮度是指单位面积内看上去有多亮，更侧重人的感受程度。亮度过高或过低都会加重视疲劳，影响注意力集中。

对眼睛有害的光

很多父母在哄孩子睡觉时，经常开着小夜灯，长此以往，孩子长大了也会习惯性开着小夜灯睡觉。小夜灯在必要时使用一下无妨，但在孩子进入深度睡眠后应尽量避免一直开着。

人如果在睡眠状态下接受光照，褪黑素的分泌量就会下降，这样人就不容易进入深度睡眠，从而影响睡眠质量。美国宾夕法尼亚大学医疗中心研究小组的研究结果显示，2周岁前开着卧室照明灯或小夜灯睡觉的孩子比关灯睡觉的孩子发生近视的概率更高。

在2～16岁孩子中，开着小夜灯睡觉的孩子近视发生率为34%，开着卧室照明灯睡觉的孩子近视发生率为55%，关灯睡觉的孩子近视发生率为10%。

另外，美国布兰迪斯大学的莱斯利·格里菲斯教授团队利用果蝇这一模式生物，发现脑部神经回路同时参与睡眠和记忆过程。如果你想记住你学过的东西，大脑就会发出睡眠信号。也就是说，发出睡眠信号的神经回路与形成记忆的神经回路紧密相连。所以，睡得好与学得好是有密切关系的。那么如何才能让孩子既睡得好又学得好呢？

首先，给孩子提供一个舒适、踏实的睡眠环境。从近年来的教育状况来看，很多孩子在补习班学习到很晚才回家休息，所以良好的睡眠环境十分重要。父母可以为孩子选择一套舒适的床上用品，保持卧室适宜的温度和湿度等。

其次，孩子入睡时保证周围环境是黑暗的，应该使用遮光效果好的窗帘。睡觉时如果周围环境不是完全黑暗的，会影响孩子的睡眠，孩子的眼睛也会经常感到疲劳。这里提醒一下父母，如果孩子平时不喜欢读书，甚至排斥读书，父母不要只是一味地强求，先要排除孩子的视力问题。因为如果视力下降，孩子的专注力与学习能力就会受到影响，很难长时间阅读。

最后，避免让孩子在关灯后偷偷玩电子产品。处在不合适的照明环境中玩电子产品会增加眼睛的疲劳感，导致视力与注意力下降。在昏暗的地方，我们的瞳孔会放大，以获取更多的光。如果这种状态持续下去，就会引起眼睛疲劳。而且在黑暗的地方，调节视觉焦点的晶状体为了正常发挥功能，会消耗更多的能量，时间一久，眼睛也会变得疲劳。父母可以制定不带手机等电子产品进入卧室睡觉的规定。

在如今这个电脑、智能手机、LED 显示屏普及的时代，我们不知不觉地暴露在了有害蓝光的环境中。蓝光指的是波长在 $400 \sim 500$ nm 的可见光，阳光、显示屏、手机、台灯都会产生蓝光。波长在 $455 \sim 500$ nm 的蓝光能调节我们的生物钟，对我们的睡眠、情绪和记忆力都有好处。而波长在 $415 \sim 455$ nm 的蓝光，则会对视网膜有损害。长时间受到有害蓝光的照射会造成视野模糊、眼干、视疲劳、失眠、头痛、情绪烦躁等不良后果。此外，电子产品释放的有害蓝光会抑制褪黑素的分泌，因此睡前玩电子产品还会影响孩子的睡眠质量。

提及蓝光，就不得不说到防蓝光眼镜。我们并不推荐给孩子日常佩戴防蓝光眼镜。蓝光导致近视的观点还没有确切的科学依据，且防蓝光眼镜的镜片一般偏黄，会影响孩子的视觉感受，以及孩子对色彩的辨识。而且蓝光也不全都是有害的，一味地防蓝光会影响孩子的生长发育。如果想要防止有害蓝光对眼睛的伤害，父母可以让孩子在接触电子产品时佩戴过滤不良蓝光的防蓝光眼镜，但要切记，即使用了防蓝光眼镜也不代表可以让孩子长时间使用电子产品。[①]引导孩子控制使用电子产品的时长，培养孩子科学的用眼习惯，防止孩子疲劳用眼才是关键。

现代社会中，孩子近视的患病率越来越高，保护孩子视力成为父母非常关注的一个问题。其实，保护视力最重要的就是保证孩子充足的户外活动时间。我们建议孩子每天户外活动时长不少于 2 个小时，这 2 个小时可以不是连续的，可以是碎片时间的累计。在户外即使不运动，保证充足的自然光照射也可以。照度在 1000 lx 以上就会起到预防近视的效果，3000 lx 以上的照度效果会更好。阴天时进行户外活动也同样有效，在阴天可以适当延长活动时长。需要注意的

————————————

① 译者注：根据近期发表于科克伦系统综述数据库的一项最新研究的结果，防蓝光眼镜可能不会减轻紧盯电脑屏幕引起的视疲劳。该研究对覆盖多个国家近620人的 17 项防蓝光眼镜随机对照试验进行了评估。目前还没有足够的证据证明近视与蓝光有关，引发孩子近视的主要原因是，当他们紧盯屏幕时，眨眼次数会减少，眼睛会变得干涩。另外，紧盯近距离的物体会导致眼部肌肉收缩，短时间内会导致用眼过度，若时间过长就会导致近视。所以，希望家长谨慎为孩子选择防蓝光眼镜，不要过度神化防蓝光眼镜的功效。

是，最好避开 11:00—14:00 点阳光最强烈的时间段。在阳光强烈的时候，需避免阳光直射，可让孩子待在阴凉处，或为孩子做好防晒工作，如戴遮阳帽等。推荐的户外活动有打乒乓球、羽毛球、篮球以及踢足球、骑自行车、放风筝等，这些活动能让眼睛动态追踪物体，锻炼睫状肌；避免让孩子在户外进行玩手机、看书、下棋、玩沙子、低头玩玩具等近距离用眼的活动。

另外，大户外是防控近视的关键，指的是每天在视野开阔的环境中进行 4～6 个小时的户外活动，多眺望远处。有研究表明，足量的户外阳光可以刺激视网膜多巴胺的分泌，明显增加眼睛中脉络膜的厚度。户外阳光照射达标后，就可能有缩短眼轴、降低近视度数的效果。

小贴士

呵护眼部健康的好习惯

▼ "20-20-20" 护眼法，即用眼 20 分钟，要看远 20 英尺（大约 6 m），让眼睛休息 20 秒。如果难以做到，也要让孩子至少每学习 40 分钟，休息眼睛 10 分钟。

▼ 有意识地多眨眼睛。

▼ 保持房间内一定的湿度。

▼ 同时开着房间里的主灯与台灯学习。

▼ 选择分辨率高的电子产品，并避免在较暗的环境中使用。控制电子产品使用时长，孩子年龄越小，单次使

用时长就应越短。

▼ 注意用眼姿势，眼睛与书本、电子产品等保持适当的距离。

▼ 避免直视直射光（如影棚闪光灯）和强光源（如浴霸灯）。

▼ 不在摇晃的地铁或公交车里看手机或其他电子产品。

▼ 定期检查眼睛，可在孩子6岁之前检查"远视储备"，确保其数值在正常区间内。

▼ 避免使用有眩光、高频闪的灯具。

▼ 控制高糖食物的摄入，多给孩子提供富含维生素A的食物，如鸡蛋、牛奶、红薯、胡萝卜、菠菜、西蓝花等。

▼ 使用高度还原自然光的全光谱LED灯，根据情况调节照度和色温，这样有助于提高注意力、减少眼睛的疲劳感。

台灯与房间主灯一起使用

　　与照明有关的一个错误习惯是：关掉房间主灯，只使用台灯。这样一来，台灯的灯光会直接进入孩子眼睛，而且用光区和周围环境的明暗差会增加眼睛的疲劳感。这不仅容易造成近视，还会令人很快感觉到困意。所以，家长一定要让孩子养成学习时同时开着房间主灯与台灯的习惯。

　　另外，为了不让台灯的光线直接进入眼睛，灯泡外面最好有一个透光性较好的灯罩，这样能起到保护眼睛的作用。加灯罩后要保证台灯能够充分照亮整个书桌。

　　接下来，我们再来看一下如何正确摆放台灯。使用台灯时，要避免让灯光产生手部阴影，否则会影响阅读。如果孩子习惯用右手的话，就把台灯放在左前方；反之，如果孩子习惯用左手，则把台灯放在右前方，即台灯应放在写字那只手的对向处。如果孩子毫无章法地摆放台灯，父母应及时帮助孩子纠正过来。

了解了这么多，接下来就需要父母对孩子学习房中的照明设备一一检查。检查内容包括房间主灯与台灯的亮度、灯光颜色以及台灯的摆放位置，等等。希望每个孩子都能在良好的光照条件下，达到最佳的学习效果。

Part 2

显而易见的因素与
看不见的因素

培养孩子自己整理学习房的习惯

空间支配着精神

　　每个人都置身于空间里，体验着在不同的空间里来回切换的过程。大多数学生过的是两点一线的生活，每天往返于学校与家之间。而家中的学习房则是孩子的专属空间。

　　对孩子而言，在所有空间中最重要的就是自己的学习房。在自己的学习房里，孩子的身心是自由的。对学龄前的孩子来说，学习房可以作为一个游戏空间；对小学生来说，学习房是学习与游戏的空间。

　　初高中的孩子很注重隐私，更需要一个独立的空间，一个专属于自己的、可沉浸其中的空间。这个年纪的孩子的独立空间不再是单纯的房间，而是能给他们带来积极影响的地方。学习房伴随着孩子成长的脚步，孩子在这里慢慢成长、变化，从这里走向未来，因此，为孩子打造一间有良好环境的学习房的重要性也就不言而喻了。

　　学习房的布局与摆设也影响着孩子的喜好与生活态度。当一个人所处的空间环境发生了改变，周围的人、事、物也会随之改变。

　　历史上很多伟大的人物在生活中都会把自己的书桌整理得非常干净，而且执行力强，从不拖延。他们习惯把周围整理得干净利落。

无论多么复杂的问题，他们都有能力将其简单化，并凭借这种出色的能力取得了多方面的成就。

一个人对自己的空间拥有控制力，就意味着他具有基本的主导能力，而真正的领导能力和对事件的控制能力就是从这些基本能力中培养出来的。父母如果对孩子不整理学习房的行为放任不管，就相当于忽视了这样的基本能力的培养。

整理能力强的孩子成绩也好

一到上学时间，很多家庭都是手忙脚乱的状态。"作业和要用的东西在哪儿来着？""词汇本又跑哪儿去了？""哎呀，书包又放在哪里了？"学习房里总是杂乱无章，孩子在找东西这方面花费了很多时间。

如果孩子平时如此丢三落四，那么即便他想好好学习也很难，因为学习是一种习惯。平时不整理学习所需的物品，等到火烧眉毛了才手忙脚乱地翻找，这样的孩子在学习的时候也容易心不在焉、没有头绪、没有规划。

你如果在学生时代仔细观察过班里成绩好的孩子就会发现，整理习惯和学习习惯是一脉相通的。所谓的学习好，不是把所有知识一股脑儿地塞到大脑里，而是懂得把知识归纳分类，以便必要时可以"拿"出来用。所以成绩好的孩子通常会把书本、笔记、要用的学习用品甚至大脑中的知识都整理得井井有条。

当然，有的好学生表面看起来也不是整齐利落的，但是如果你多加观察就会发现，其实他们早已把重要的知识与必备物品准备好了，他们有一套自己的整理规则。

心理学上将记忆分为短期记忆、中期记忆、长期记忆 3 个阶段。短期记忆是指信息"输入"大脑但会很快消失，无法"输出"的记忆；中期记忆是指信息虽然能在脑海中停留一段时间，但如果不继续接触或复习，就不会形成永久性记忆；长期记忆指的是一种半永久性的记忆，可以将"输入"大脑的信息随时"输出"。

为了将对知识的记忆变成长期记忆，孩子需要不断地复习，或者将强烈的刺激和记忆结合起来。但是知识体系是庞大的，所以不能每次都依靠强烈的刺激来记忆。与其制造强烈的刺激，不如通过持续复习来强化记忆。

需要注意的是，长期记忆的信息并不是杂乱无章地漂浮在脑海中，而是像图书馆书架上分类明确的书一样，分门别类地储存在大脑的特定部位。这样储存的记忆无论何时何地都能"输出"。

已经习惯将知识进行长期记忆的孩子，整理学习房时也会井井有条。大部分成绩好的学生，学习房不仅干净整洁，而且房间内很少摆放与学习无关的东西。置身于这样的学习房中，孩子的内心是安定的，他们在寻找需要的物品或者第二天去学校要用的东西时也是从容自如的。

更重要的是，孩子养成整理学习房的习惯后，慢慢地，不仅整理笔记的能力会得到提高，梳理大脑中知识的能力也会随之提升。久而久之，原本对学习不感兴趣的孩子也会变得对学习有兴趣。

好的整理习惯让孩子受益终身

整理与学习都是一种习惯。俗话说："三岁看八十，七岁定终身。"孩子的生活习惯在幼儿期就已经养成，整理习惯也是如此。

让孩子认识到整理和收纳是快乐的，从小养成自己整理的习惯，这一点很重要。为了培养孩子的整理习惯，父母要学会放手。如果父母在房间奋力收拾，孩子在一边尽情捣乱，那么孩子永远也学不会整理。不是说给孩子一间干净的学习房，他就一定能学习好。只有让孩子养成自己整理的习惯，他才能提升梳理所学知识的能力，他的成绩才有可能进一步提高。

好的整理习惯并不是一朝一夕就能养成的。要想让孩子养成自觉整理的习惯，先要让孩子知道整洁有序的学习房带给他的好处。

当孩子尚未具备独立整理房间的能力时，父母可以率先垂范，帮助孩子整理学习房。比如，父母把学习房打扫得干干净净，把坏掉的家具重新修理好，或者换一套新的家具，垃圾桶也及时清理干净。

要想培养孩子的独立能力，就需要让孩子的房间保持整洁有序。如果长时间住在杂乱无章的房间里，孩子容易变得任性、爱哭闹。孩子不玩的玩具要马上收拾起来，父母可以在房间里放置收纳箱，带孩子玩整理收纳的游戏，这也是培养孩子独立能力的好方法。

　　通常情况下，即使父母做了示范，一些还没有养成整理习惯的孩子也会再次把学习房搞得乱七八糟。这个时候，父母不要因为孩子把房间弄乱就大发雷霆，或者干脆放弃对孩子整理习惯的培养，而是应该耐心地帮助孩子重新整理，尽量保持学习房的整洁。

　　随着孩子逐渐成长，父母应循序渐进地引导其承担更多整理工作。比如，当孩子进入学龄期，父母可以引导孩子独立完成书包与书桌的整理工作，同时清晰、明确地向孩子讲解整理收纳的方法。在整理过程中，父母要把握合适时机，对孩子给予鼓励，从而增强孩子主动整理的积极性。

让孩子产生读书兴趣的书架

　　书籍是孩子最好的老师，也是他最好的朋友。但是很多孩子却很难与书籍亲近起来，有什么方法能让孩子对读书产生兴趣呢？

　　首先，应该及时"断舍离"。将书柜里不再需要的课本、参考书以及习题集收起来或者处理掉。如果书柜里被这些书塞得满满当当，孩子就会感到压抑，潜意识里认为还有很多作业没有做完，进而产生学习上的疲惫感。父母还可以根据孩子的年龄，选择性地撤掉一些成套的书籍。例如，有些套书是孩子小时候读的，等孩子到了初高中时就应果断地撤下来。

　　接下来，重新整理书柜。对于幼儿时期的孩子，让他爱上读书的方法是把他喜欢的书正面摆放，露出封面。

　　孩子步入小学后，就给每一格书柜起个好听的名字贴上去。这些充满才气、有趣的分类牌会增加孩子对图书的好感。另外，已经读过的书可以倒过来放在书柜上，这样就能快速地将读过与没读过的书区分开来。

这样整理书柜，孩子就会自然而然地与书籍亲近起来。这些有趣的整理方法可以有效地培养孩子的阅读习惯。

读书有精读、泛读、快速阅读等多种方式。低年级的孩子适合泛读，而高年级的孩子比较适合对学习有帮助的精读。心理学家弗朗西斯·罗宾逊发明了一种叫作"SQ3R"的阅读法。这个阅读法分为 5 个步骤：浏览，快速浏览文章的标题、目录、图表、摘要、开头段和结尾段，注意加粗的文字；提问，根据文章的标题、段落或关键词提出问题；阅读，逐段阅读，重点关注与之前提问相关的内容，可以标记重要信息；复述，用自己的语言复述刚刚阅读过的内容，回答之前提出的问题；复习，回顾文章的主要内容，可以再次浏览文章的结构，梳理逻辑。这个阅读方法有别于走马观花式的浏览，它强调分阶段、多角度阅读，能够有效帮助读者更加快速地学习、理解和记忆，特别适合需要深入理解、记忆和应用的阅读材料，例如教科书或专业书籍。

提高孩子注意力的整理归纳法

为了提高孩子学习的专注力，父母需要仔细检查孩子学习房内所有物品的摆放位置是否合理。

整理书桌桌面

第一，确认书桌上是否还摆放着不再使用的书；第二，书桌上是否有与学习无关的物品；第三，学完的上一个学科的书是否仍放在书桌上没有收拾；第四，书桌的一角是否堆积着课本与笔记本。确认过后，如果存在没有整理好的地方，请将桌子划分区域，各区域按照以下4个步骤整理。

第一步：取出。将一个区域的东西全部拿出来摆在地上。

第二步：分类。根据上课与复习的情况，将这些东西分为有用与无用两类。

第三步：缩减。把需要留下的东西分类整理，剩下的收起来或丢掉。

第四步：收纳。把需要留下的东西全部放在抽屉里或书架上。

整理书桌抽屉

第一，检查抽屉里是否有不该出现在学习房里的东西，如零食；第二，检查文具和杂物是否杂乱无章地混在一起；第三，抽屉里是否放了用不到的打印资料与教材。确认过后，如果存在没有整理好的地方，请将各层抽屉分别按照以下4个步骤重新整理。

第一步：取出。取出每一层抽屉里的全部物品。

第二步：分类。按照过去1个月里用过与没用过的标准将物品进行分类。

第三步：缩减。减少抽屉里的物品的数量，达到让人一眼就能看到所需物品的程度。

第四步：收纳。将经常使用的物品放在抽屉里最外面的位置。

整理笔袋与工具箱

第一，如果笔袋与工具箱里塞满了各式各样的东西，请确认孩子是否清楚里面都有什么；第二，这里面是否存在超过1个月未使用的物品；第三，是否有坏掉的或者用完了的书写用具；第四，笔袋与工具箱是否装得太满，以至于无法合上。确认过后，如果存在没有整理好的地方，请按照以下4个步骤重新整理。

第一步：取出。倒出笔袋与工具箱里的所有物品。

第二步：分类。按照每天使用与不常使用的标准进行分类。

第三步：缩减。如果这个物品最近一段时间用不到，即使仍能使用，也尽量处理掉或收在其他地方。

第四步：收纳。将整理过一遍的物品逐一放回。

整理衣柜

第一，确认很久都不穿的衣服是否还挂在衣架上；第二，衣服是否没有放进衣柜里，而是全部堆在一起，以及衣柜里的衣服是否放得太多，以至于柜门都关不上；第四，包是否与衣服混放在一起。确认过后，如果存在没有整理好的地方，请按照以下 4 个步骤重新整理。

第一步：取出。取出衣柜中的部分衣物。

第二步：分类。将衣服按照上衣与裤子的标准进行分类，依次装入收纳袋中。

第三步：缩减。把不穿的衣服收集起来，以便送给他人或者捐赠。

第四步：收纳。将衣服叠好放回衣柜。

整理的同时，孩子的思路也会变得清晰起来，做事的专注力也会得到锻炼。将学习房里的物品按照步骤整理归纳后，房间会变得整齐又干净，更有助于孩子集中精力学习。

适合孩子的清扫工具

父母回到家如果看到家里乱糟糟的，心情就容易烦闷，进而影响做事情的注意力。所以如果看到孩子的学习房里杂乱无章，父母一般会忍不住对孩子唠叨，让孩子收拾卫生。那么怎样做才能让孩子养成整理的习惯呢？大家都知道学英语要从娃娃抓起，其实整理习惯的养成也应该从娃娃抓起。父母可以在孩子房间里放置一些适合孩子的清扫工具或整理用具，因为有趣的清扫工具有助于孩子养成整理房间的习惯。

可爱的昆虫造型的橡皮屑清洁器

孩子写字、画画时制造出来的橡皮屑散落在桌面上、地上，清扫起来很麻烦。昆虫造型的橡皮屑清洁器就像一个玩具，有了它，孩子可以在玩的同时将地面和桌面打扫干净。

篮球筐模样的洗衣篮

如果孩子没有养成把脏衣服放到卫生间的习惯，那父母就可以在孩子的房间里放一个篮球筐模样的洗衣篮，这样一来，孩子就可以像投篮一样，把要洗的衣服扔进洗衣篮里。这个过程有趣好玩，可以帮助孩子自然而然地养成整理的好习惯。

船袜抹布

市面上推出了一种能够打扫卫生的船袜，孩子穿着它在地板上来回摩擦，既有趣又能起到清洁的作用。

孩子专用真空吸尘器

市面上还有适合孩子使用的真空吸尘器。它虽然外形像玩具，但吸力与普通真空吸尘器一样强，清扫效果也很好。

从现在开始，父母尽量不要再唠叨、催促孩子打扫卫生，而是应该选用适合孩子的方式，引导孩子养成良好的整理习惯。

孩子自己整理房间、打扫卫生的好处有很多。大脑额叶在学习过程中起着重要作用，而孩子整理房间的行为能够促进额叶的发育。整理房间不仅可以让孩子更加自律，还能提高他的分辨能力，知道哪些物品是有用的、哪些物品是没有用的。好的整理习惯会对孩子产生积极影响，所以父母不应代替孩子收拾房间，而是要尽量给孩子锻炼的机会。

学会"断舍离"

整理前　　　　整理后

　　我们置身于干净整洁的环境中时，总愿意多停留一会儿，但在孩子的学习房中却很少有这样的感受。进入学习房后，通常情况下，大人们会先打开窗户换气通风，再用吸尘器清理一下灰尘，接下来打算整理收拾一下时，发现学习房里乱七八糟，好像一间仓库，压根儿不知道从哪里开始收拾。

　　收拾孩子的房间，父母要准备一个大袋子，将与学习无关的物品收走，不要让这些物品分散孩子的注意力。扔东西是整理的开始，所以如果孩子的学习房里有需要扔掉的物品就要大胆扔掉。

　　除此之外，孩子的玩具也要进行收纳整理，但一次性全部清理掉会让孩子感到空虚，可以先从孩子不再喜欢的玩具开始，慢慢地分多次进行整理。

对于孩子不需要的物品，怎样收拾才会更有效率呢？那就是把物品进行分类，例如，书是一类，文具是另一类。接下来，再根据"没有用"与"可回收利用"的标准进行二次分类，这样很快就能把物品理清了。

最后，没有用的物品最好"不动声色"地扔掉，因为一旦被孩子看到，他会以"还能用""还能看"为由将这些物品留下。因此，父母决定扔掉后，行动上就要果断。

在收拾的过程中，如果有些物品是从收纳柜的深处翻出来的，或者是从书柜落满灰尘的顶层找到的，那么，这些就是要最先扔掉的物品。

另外，整理物品时，如果收纳柜空间不够，可以将其放在床底下。床底作为一个极好的收纳空间，可以放置各种各样的物品。当然也可以使用带储物功能的床，或者购买符合床高的床底收纳箱。一些容易让孩子分心的玩具或者旧书都可以整齐地放进收纳箱里，然后储存在床底下。这样一来，学习房里就变得干净整洁了，同时也为孩子营造了一个崭新的学习环境。

Chapter

06

用符合孩子性格的
颜色装饰学习房

颜色也有力量

　　我们的世界是五彩斑斓的，从早上睁开眼到夜晚入睡，一天当中我们会看到无数种颜色。这其中，有天空、阳光、树木、云朵等自然界中事物的颜色，也有卧室里的壁纸、床铺上的被子、桌子上的食物等人工制品的颜色。走出家门，我们还能看到路边的建筑、来来往往的汽车以及路人各式各样的着装。生活的所见之处，都充满了绚丽的色彩。颜色是人的眼睛最先识别的视觉要素，那么，我们是如何识别物体颜色的呢？

　　即使视力再好的人，在黑暗中也看不见颜色。当光照射到物体上时，物体吸收自己"需要"的光，反射出去"不需要"的光，从而拥有了固有的颜色。反射出来的光线进入我们的眼睛，眼睛再把接收到的信息传递到大脑，我们就能感知到颜色。当我们看到某种物体时，相较于形态，我们更倾向于用颜色来识别其特征。例如，当我们看到路边盛开的花时，不会先用"圆形""纤细""一层一层"这些形容形态的词来描述，而是先用颜色来描述——黄色的花、红色的花。在韩国，如果我们在不熟悉的商场里着急寻找卫生间，通常来不及确认卫生间指示牌上的字与标志，只是看到卫生间指示牌的颜色就会跑进去。当颜色和符号的搭配与我们平常所见不符时，我们很可能一下子反应不过来，因为我们会下意识地认为蓝色代表男卫生间，红色代表女卫生间。

我们还可以用下图做一个测试：左边和右边哪一个读起来更快呢？

左边的文字和色块颜色是一致的，但右边的文字和色块颜色是不一致的，由于我们一般最先识别到的信息是颜色，因此，右边的文字阅读起来会更费力一些。这种因为文字和色块颜色表达得不一致而导致大脑受到干扰的现象叫作斯特鲁普效应。这个效应也可以让我们感受到颜色的强大力量。

你从颜色中感受到了什么?

 　　每一种颜色都有其固有的特征,这些不同的特征会引发人们不同的感受,所以我们通过颜色体验不同的感受,也通过颜色来表达感受。颜色带来的感受会因个人的经验与主观思想而有所差异,但是颜色通常能引起人们的共鸣。

颜色的温度:冷暖

 　　在日常生活中,我们能感受到颜色的温度。像红色、橙色、黄色这样的颜色能让我们联想到太阳与火焰,带给我们温暖的感受。这一系列颜色属于暖色调,传达给人一种放松、从容的情感。相反,绿色让人联想到树林;蓝色让人联想到水,给人一种凉爽、冰冷的感受。这一系列颜色属于冷色调。

颜色的刺激:兴奋与镇静

 　　一般来说,暖色调具有调动情绪的力量。饱和度越高,颜色越鲜艳,就越让人兴奋,尤其是红色。红色是最能让人感到刺激的兴奋色,西班牙斗牛比赛中使用的红布不是为了让牛兴奋,而是为了让观众兴奋。冷色调能让人的情绪平静下来。这类颜色能降低人的呼吸频率，减少脉搏跳动次数，让人减少兴奋感并感到安定。

颜色的重量感

颜色本身没有重量，但有的颜色会让人感觉很重，有的颜色则会让人感觉很轻。美国心理学家沃登和弗林做了一个关于颜色的有趣的实验。他们让实验参与者给玻璃柜里 8 个大小相同、重量相同、颜色不同的箱子按照重量排序，结果得到了这样的分值（分值越高表示参与者认为箱子越重）：白色 3.0，黄色 3.5，绿色 4.1，蓝色 4.7，红色 4.8，灰色 4.9，黑色 5.8。参与者推测的重量因箱子的颜色不同而有所差异，颜色越深的箱子让人感觉越重。

颜色的重量感主要取决于明度。高明度的颜色让人感觉很轻，低明度的颜色让人感觉很重。亮色自带的轻盈感让人变得轻快，暗色的重量感则让人感到沉重。因此，我们在选择室内空间的颜色时，应考虑到颜色的重量感。天花板和墙壁可选择明亮而轻快的颜色，地板选择相对较暗的颜色会给人安定感。

不同颜色对时间感知的影响

待在不同颜色的空间里，我们对时间的感知也不相同。美国色彩学家费伯·比伦提出："在暖色调的空间里感觉时间过得很慢，而在冷色调的空间里感觉时间过得很快。"

室内的红色会对眼睛产生较强烈的刺激，让人有兴奋感，也让人感到疲劳，感觉在室内待了很长时间。因此，希望缩减食客用餐时间的快餐店大多使用红色来装饰餐厅。

　　蓝色可以缓解视疲劳，使情绪平静，让人感觉时间过得很快。所以，很多候车室或候机大厅等地方为了让旅客感觉等待的时间很短，就会选择冷色调。

颜色的象征

象征着爱情与热情的红色

在鸿蒙初辟之时，苍穹之上洒落着太阳的光辉，那光芒中蕴含着红色。在那片仅存光明与黑暗交织的世界里，红色作为太阳的色彩，率先映入眼帘，因而它被赋予了至高无上与神圣的象征意义。红色，宛如盛放的玫瑰，是爱情的浪漫注脚；同时，它也象征着战争的烽火、革命的激情、危险的临近、热情的奔放以及愤怒的火焰。

象征着微笑与乐观的黄色

黄色明亮温暖，象征活泼、愉快、亲切、乐观、自信。据说以前人们会给婴儿穿黄色的衣服，用这种代表温暖的颜色给婴儿带来心理上的安全感。不仅如此，有研究发现，看明亮、柔和的颜色有助于促进婴幼儿的视觉发育、提升认知能力。

象征着希望与舒适的绿色

绿色是一种中性色，象征自然，给人舒适、治愈的感觉，具有新鲜、希望、和平、富饶、幸福、青春、繁荣、生机的寓意。

绿色不会给人的眼睛带来负担，是缓解视疲劳最理想的颜色。它还能够解压，缓解焦躁不安的情绪，是人们在需要休息放松时第一时间想看到的颜色。

象征着高贵与前景的蓝色

蓝色是天空和大海的颜色，它与绿色一样，是带给人平静安宁的颜色。纯净的蓝色象征贵族以及高贵的身份，是 13 世纪法国国王登基时所穿衣服的颜色。蓝色象征和平、自然、信赖等积极形象，也被认为有富有前景的寓意。

蓝色是一种使人安定的颜色，能够缓解紧张感。孩子在蓝色的房间里学习时，心情会很平静，有利于保持注意力集中。

象征着想象与神秘的紫色

紫色是由红色和蓝色混合而成的绝妙颜色，给人一种神秘且高贵的感觉。

紫色也是华丽优雅的颜色，象征权力。除此之外，紫色还是忧郁的代名词。据说喜欢紫色的人有艺术细胞，同时也有丰富的想象力和创造力。

象征着品位与气场的黑色

黑色给人以庄重、力量的感觉，但也容易引起人们紧张和压抑的感觉。

如今，黑色常被应用于价格高昂的私家车，人们把黑色看作代表品位的颜色。黑色还被应用于各种电子产品、家具，成为简约、时尚的代名词。

象征着华丽与柔和的粉色

粉色是红色和白色混合而成的颜色，代表着精致、温暖、舒适、轻快。鲜艳的红色容易使人亢奋，而柔和的粉色则可以让人平静。18世纪初期，随着洛可可风的流行，给人柔和华丽感觉的粉色也开始被广泛使用起来。

有趣的是，在中世纪的欧洲，红色一直以来被认为是象征着权威和权力的男性化的颜色，所以人们认为粉色也同样是属于男性的颜色。人们对粉色的认知一直在发生变化，在现代社会，粉色被认为是女孩的颜色，但近些年这种刻板印象正在被打破，英超足球队曼联就曾推出过粉色球衣。如果男孩不太容易接受粉色服饰，父母可以把这个例子讲给他听。

颜色潜移默化的作用

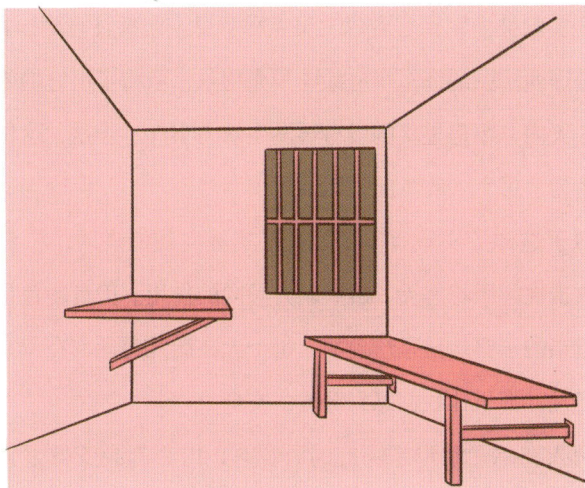

可以减少暴力倾向的粉色

打开门进去，墙壁是粉色的，椅子与桌子也是粉色的，所见之处都是粉色的，猜一下这是什么地方？你以为是售卖甜筒冰激凌的地方吗？不是的，这里其实是监狱。

20 世纪 70 年代，美国药品滥用事件导致犯罪率大幅上升，整个社会变得动荡不安。美国社会生态学者亚历山大·肖斯教授通过一项实验发现"粉色能够降低人的攻击性"。在实验中，他共召集了 153 名年轻男子。测试完受试者的体力后，他让其中一半受试者一直盯着深蓝色的物体看，另一半受试者一直盯着粉色的物体看。1分钟过后，他发现盯着粉色物体的男性的体力明显下降，甚至低于平均水平。于是肖斯教授把受试者换成罪犯，对他们进行了同样的实验。

这一实验被海军军官吉恩·贝克和罗恩·米勒注意到。1979年，他们将美国西雅图的海军牢房涂成了亮粉色，取得了很好的效果。此后的156天内，牢房里真的没有再发生暴力事件。于是，这种亮粉色就被命名为"贝克-米勒粉"。

类似于这样的实验有很多。这些实验向我们表明，粉色具有降低人的攻击性、平息怒火、缓解暴力倾向的作用。而且粉色是母爱的象征，母亲的子宫内壁是粉色的，每个人在胎儿时期都在母亲粉色的子宫内度过，那里让我们感到舒适、安全。

任何人在感受到母亲怀抱的温暖时，内心都会变得柔软。当被粉色包围时，舒适感和稳定感就会增加，攻击性就会随之减少。将牢房涂成粉色的做法不仅出现在美国，瑞士的佩皮肯监狱也效仿了这一做法，将关押囚犯的部分牢房改造成了粉色，也得到了意想不到的效果。

孩子如果有一定的攻击性，无法控制自己愤怒的情绪，那家长也可以尝试用粉色来装饰房间，比如摆放粉色的家具、装饰物等。

带给孩子勇气的红色

红色是最热情的颜色，传递着积极的能量，可以让孩子情绪高涨起来。根据色彩治疗师的说法，红色的衣服和饰品可以让孩子变得更加自信，使孩子勇于在众人面前进行演讲。

孩子如果比较胆小，见到外人就躲在大人背后，那就可以考虑将孩子的学习房用红色饰品进行装饰。一个敏感而胆怯的孩子，多接触红色，容易慢慢变得热情而勇敢。

增加孩子食欲的橙色

日本色彩治疗师山里三津子曾说，橙色食物最能刺激食欲。并且，橙色食物多含有丰富的胡萝卜素，摄入足量的胡萝卜素可以保护眼睛。美国农业部专家指出每周至少要吃2次橙色食物。

如果孩子挑食、偏食，家长可以用橙色来装饰餐区，比如使用橙色的桌布、餐具等，或是给孩子穿戴橙色衣物、饰品，或是用橙色食物点缀菜品等。这可以很好地提高孩子的食欲，增加孩子的食量，让孩子健康成长。

缓解孩子压力的绿色

在韩国，学生们的压力是非常大的，抑郁等心理问题也十分严重。作为家长，我们可以尽自己所能缓解孩子在家里的压力。比如，对于压力过大的孩子，我们可以用绿色来装饰他们的房间。

有研究表明，定期在绿色空间里度过一段时间的人体内显示出更低的皮质醇水平，皮质醇水平是压力水平的生物标志。另一项研究发现，仅仅观看自然景象的图片也能降低心率和血压，减少压力感。这些发现揭示了绿色对缓解人们心理压力的积极影响。

大自然有着天然的治愈力，带孩子亲近自然可以显著减少压力，改善情绪，缓解抑郁、焦虑等症状。家长可以带孩子去公园玩耍、去

郊区徒步等，也可以将家里的阳台打造成一个绿植花园区，或是在孩子的房间放一些绿植等，让这个空间成为孩子放松心情、恢复精神活力的小天地。

孩子的性格颜色

红色型孩子

红色象征着热情与激情。红色型孩子的人格属于目标指向型和努力型人格。大多数红色型孩子都乐于助人，上课或者跟朋友们在一起玩的时候喜欢发表意见，还喜欢运动。他们学习的时候就专心学习，运动的时候就尽情运动，无论什么事情都会努力去做，遇到自己感兴趣的事情会乐此不疲，所以老师、父母以及朋友都对他们有很高的期待。

通常，红色型孩子外出郊游或修学旅行的时候很会制造气氛，他们喜欢给大家跳舞或表演其他才艺，经常给朋友和老师带来欢乐。上课时，他们常常第一个举手回答问题，课外活动时也玩得尽兴。对于这样的孩子，父母平时要多鼓励他们，让他们更加自信。

这一类型的孩子自尊心一般比较强，如果看到比自己优秀的孩子，内心容易产生嫉妒与猜忌。他们比较固执，有时候即使做错了事也不肯承认自己的错误。由于这一类型的孩子争强好胜，常常不满足于现状，所以情绪上会有比较大的波动。他们对自己取得的成就有很强的自豪感，父母要尽可能地称赞他们。而失败的时候他们会有很强的挫败感，所以哪怕他们偶尔作业没写好，父母也要温柔地开导他们。

装饰红色型孩子的学习房时，房间应以蓝色为主色调，整体的氛围要让人感到沉稳踏实。还可以摆放蓝色系物品，这样能够适当平衡红色型孩子的激情，让孩子安静下来，内心有安全感，愿意主动承担责任。

粉色型孩子

与可爱、甜美、惹人喜爱的外表不同，粉色型孩子有很强的胜负欲，同时也有保守、内向的一面。他们与红色型孩子一样，执行力很强，浑身充满能量，每件事情都尽心尽力地去完成。虽然这种类型的孩子很多是三好学生，但他们不太擅长领导别人，而是喜欢安静地做好老师、家长分配给自己的事情。

粉色型孩子很多时候都沉浸在自己的世界里。他们听不进去别人的意见，非常有自己的主见。同时，他们有很强的虚荣心，非常渴望得到别人的赞美和关注。如果女孩是粉色型的，那她小时候有段时间可能得"公主病"，但不会持续太久，所以父母不必过于担心。

装饰粉色型孩子的学习房时，可以选择绿色系的物品，这样能够培养他们与周围人和谐相处的心态，以及沉着冷静的性格，有助于孩子各方面均衡发展。绿色系的装饰还能够提高孩子的学习专注力。在这个基础上，可以再搭配蓝色系的物品。而红色、黄色等颜色太强烈，会分散这类孩子的注意力，要尽量避免使用。如果学习房里采光不好，可以在窗边放上一盆花或者观叶植物。

黄色型孩子

黄色型孩子虽然外表看起来柔弱温和，但他们很有自己的主见，也能够按照自己的想法做事。这种类型的孩子一旦有了目标，执行力就会很强。他们在人际关系方面也表现得很积极，富有创造力。

黄色型孩子的身边总会围绕很多人，大家都喜欢和他们搭话。因为只要和他们聊天，心情就会很舒畅。他们身上的"快乐激素"能够让周围的人开心。这种人格就是典型的黄色型人格。

黄色型孩子做事很积极，但缺点是不懂得变通。因此，在孩子完成某项作业时，父母要鼓励孩子开动脑筋，带着问题思考。黄色型孩子普遍很受父母的疼爱，一旦少了父母的关爱，他们可能感到不安。

装饰黄色型孩子的学习房时，建议适当搭配一点深色调、有重量感的颜色，这样营造出来的氛围能够加深孩子的思考，使孩子沉着冷静。

黑色型孩子

黑色型孩子不喜欢感情用事，凡事都有自己的判断标准，做事也比较有规划。所以，与其他孩子相比，黑色型孩子在收纳整理方面的能力比较突出。只要告诉他们整理的方法，他们就能很快掌握要领，然后结合自己的整理习惯，迅速运用起来。

尤其是在整理笔记的时候，黑色型孩子的特点更加突出。黑色型孩子比其他孩子更认真，重要的内容会用自己喜欢的方式标记出来，一目了然。

黑色型孩子不仅能保护好自己，还很会照顾他人，有时会为了他人而牺牲自己的利益。除此之外，他们耐心、谨慎，所以比起做冒险、有挑战的事情，他们更倾向于追求稳定，也可以说是保守。

黑色型孩子在关心他人的同时，也希望得到他人的认可与喜爱。父母要经常与这类孩子沟通，倾听孩子内心的声音，让他们知道父母很爱他们。黑色型孩子在人际关系中比较容易吃亏，他们会通过给对方买东西，甚至拿出自己喜爱的东西给对方来赢得对方的好感，属于讨好型人格。所以，父母要留心观察，必要时给孩子正确的引导，帮助他们交到知心的朋友。

装饰黑色型孩子的学习房时，可以选择粉色系的小物件，或者搭配橙色等暖色调的物品，使孩子感受到学习房的温暖。如果孩子总是郁郁寡欢、不喜欢跟朋友交往，可以试着用柔和的色调把学习房装饰得明亮舒适，如把窗帘换成明亮的颜色等。柔和温暖的色调能营造出一种温馨的氛围。

绿色型孩子

绿色可以消除压力和不安感，所以专业人士在用颜色进行心理治疗时，绿色是最被常用到的颜色。

绿色型孩子性格沉稳，非常善良，乐于助人，所以人缘很好，经常会受到称赞。因为性格沉稳，所以他们喜欢平静地处理自己的事情。不过这种文静、沉稳的性格有可能导致孩子性格过于内向，父母需要注意这一点。

绿色型孩子有时会缺乏热情，执行力不足，进而导致无法完成任务。这样的孩子会被认为没有目标、没有想法或者做事拖延，所以需要一点刺激来唤醒他们的热情。

绿色型孩子的内心通常会比较安定，但这种从容散漫的性格有可能让他们在竞争中处于不利地位，所以建议父母给孩子布置一些能够提高注意力的游戏或任务，使孩子变得活泼开朗。

装饰绿色型孩子的学习房时，为了能使孩子更加专注，建议适当使用红色或粉色系的物品进行装饰，这些充满激情的颜色可以提高孩子的执行力。

蓝色型孩子

大部分蓝色型孩子都内向、细心、沉稳，对待每件事都很认真、投入。有的蓝色型孩子很独立，有自己的想法，而有的则比较柔弱，更希望得到保护。

如果带着孩子去书店的话，有的孩子会到处乱跑或者只看一些简单的漫画书；而有的孩子则会坐在地上，捧着自己感兴趣的书读得津津有味，丝毫感觉不到时间的流逝。前者为红色型孩子，而后者为蓝色型孩子。

蓝色型孩子本来就喜欢看书，学习也很认真，所以最好用明亮柔和的黄色来营造学习房的氛围，还可以用热情的红色进行点缀。这样的暖色调能够让蓝色型孩子活泼一点，提高孩子的社交能力，并且可以给孩子一种受到保护的感觉，从而让他感到安定、踏实。

紫色型孩子

紫色型孩子给人一种温柔、甜美的感觉，他们外表看起来柔弱，但其实内心很强大。一旦下定决心去做某件事情，他们就会有很强的内驱力，属于外柔内刚型人格。基于此，他们反感别人的命令，甚至会直接反抗。他们也不喜欢父母和老师的唠叨，听到唠叨就会变得烦躁不安。

他们喜欢自己规划学习，如果父母过分干涉或者不停地唠叨，他们很可能干脆放弃学习。所以，紫色型孩子更需要父母细心的照顾。紫色型孩子因为喜欢沉浸在自己的世界里，所以他们有很多想法，容易陷入空想。另外，如果听到别人说自己的坏话，他们会深受打击，一直记在心里。

紫色型孩子通常不希望别人猜透自己的心思，所以父母要尊重孩子、理解孩子。

装饰紫色型孩子的学习房时，建议使用浅黄色或淡粉色等暖色调，这样打造出来的氛围能够帮助孩子打开封闭的内心世界，给孩子带来积极的影响。最好避免使用黑色或深色的家具。内向的孩子如果处于黑色等深色的空间里，可能变得更加内敛。

提高孩子学习效率的
声音环境

对人体有益的噪声——白噪声

噪声常让人感到不舒服。虽然个人状态或周围环境不同，判断噪声的标准也会有所不同，但通常以 50 dB（分贝，表示声音的相对大小的单位）为临界点，超过 50 dB 的声音就被视为噪声。

韩国蔚山大学医学院职业环境医学科室李志浩教授带领的团队以学生为对象，就噪声对学习的影响进行了调查。调查结果显示，噪声如果达到 65 dB 以上，会使学生的注意力和记忆力下降 5% ～ 15%。

不过，并不是所有的噪声都对人体有害，有的噪声反而能够提高我们的注意力。我们把这种对人体有益的噪声称为"白噪声"。

白噪声是指频率范围在 20 Hz ～ 20 KHz（人耳可听范围）内，所有频率的声波能量均等分布的声音。

我们的听觉系统会很快熟悉白噪声，所以它几乎不会妨碍学习，反而会覆盖周围令人反感的噪声。

噪声也有颜色

虽然我们用肉眼看不到，但是噪声也有颜色，只不过这里所说的颜色是人们根据噪声的种类所赋予的，如白噪声、粉红噪声以及红色噪声（布朗噪声）。

提到噪声，我们可能想到聊天声、电视声这些妨碍学习和工作的声音。这种声波频率强弱变化无规律的声音会刺激耳朵，让人分心，给人带来心理压力，影响深度思考与记忆，导致注意力不集中。

与之相反，有一种噪声可以提高注意力，它就是白噪声。白噪声的概念来自白光，白光能够被三棱镜分解成 7 种颜色的光，而白噪声拥有广阔的音幅，这与白光的特点类似。在人耳可听频率范围内，所有频率上具有相等音量的声音，在线性空间内具有平坦的频谱。收音机没有信号时的沙沙声、风扇转动的声音、流水声、高山上的风声、海浪声等都属于白噪声。白噪声能够帮助人们过滤掉影响注意力的噪声。

韩国崇实大学声音工学研究所的研究结果显示，学生一边听着自然中的白噪声一边学习的时候，被周围事物分散注意力的次数减少了大约22%，学习完成度提高了35%。另外，发表在《国际环境研究与公共卫生杂志》的一篇该主题的最新研究结果表明，白噪声产生的背景刺激对学龄前患有注意缺陷多动障碍（ADHD）的儿童来说，是一种有益的非药物治疗方法——不仅可以提高内在的注意力表现（例如，减少遗漏错误和反应时间变异性），还可以减少外在的过度活跃行为（例如，严重的坐立不安）。

与白噪声相比，其"表亲"粉红噪声、布朗噪声则鲜为人知，但它们也有着同样的效果。粉红噪声是自然界中最常见的噪声，与白噪声的不同之处在于，粉红噪声主要分布在低音频和中音频区域内，听起来更柔和，入耳更舒适一些，可以起到平静和放松的效果。比如，瀑布的声音、微风吹树叶的声音等。

粉红噪声可以帮助我们进入舒适的深度睡眠，提升睡眠质量。中国北京大学的研究结果显示，75%以上的实验参与者都表示听着粉红噪声睡觉更舒服，睡眠更深。实验证明，粉红噪声让大脑释放出了缓慢而稳定的脑波。

布朗噪声在低音频区域内的能量更高，其概念来源于红光，红光比白光有更多低频波谱，就像布朗噪声比白噪声具有更多低频波一样。布朗噪声比粉红噪声还要低沉，如沙子摩擦的声音、远处的雷声、深沉的潮汐声等。布朗噪声可用于放松精神、疏解压力，也可以用来助眠，延长深度睡眠的时间。

　　白噪声、粉红噪声、布朗噪声等都是对孩子有益的噪声，但每个人的感受不同，父母可以按照孩子的喜好进行选择。[1]

　　好的噪声不仅能起到安神的效果，还能提高孩子的注意力，对学习很有帮助。其实，大自然就是有益噪声的天堂，亲近大自然能够有效缓解孩子的压力，提高孩子的注意力与记忆力。父母可以时常带着孩子从城市的喧嚣中走出来，去海边、去山间、去田野，倾听大自然中的有益噪声。

---

　　① 译者注：自然界中很少有纯粹的白噪声、粉红噪声、布朗噪声，自然界中的声音通常包含多种频率成分。本小节的内容可以帮助我们大致理解每种噪声的类型特征。

能够提高注意力的咖啡厅噪声

　　现如今，咖啡厅几乎成了韩国人必不可少的去处，在咖啡厅里看书、学习、见朋友逐渐成了人们的日常活动。

　　按理说，咖啡厅并非安静的场所。三五好友扎堆聊天的声音、叫号器叮咚叮咚的声音、咖啡杯咣当咣当碰撞的声音、店内播放的音乐声……各种声音交织在一起，让人难以集中精力学习。但即便环境嘈杂，依然有人在咖啡厅里集中精力学习。

　　尤其是临近考试时，这种现象更明显。很多学生会去图书馆或自习室学习，也有不少学生选择去咖啡厅学习。在本书开篇我们就提到了"咖学族"这个词，指的是在咖啡厅里学习的人。那么，为什么会有很多人选择去嘈杂的咖啡厅里学习呢？

因为咖啡厅里的噪声反而会提高我们的注意力。虽然在大家的普遍认知里，噪声会干扰思绪，但并不是所有的噪声都会影响注意力，适当的噪声反而会提高我们的注意力。

美国芝加哥大学《消费者研究杂志》在 2012 年 3 月发表的一项研究结果显示，比起安静的环境，在噪声为 50 ～ 70 dB 的地方学习，反而能够提高注意力与创新力。

韩国也做过类似的研究。韩国产业及组织心理学会的研究结果显示，与安静的环境相比，当处在有白噪声的环境中时，受试者的注意力提高了 47.7%，记忆力提高了 9.6%，压力减少了 27.1%。因为学习效率提高了，学习时间足足缩短了 13.6%。

在安静的环境里，拉桌子的声音和开关门的声音显得更大，所有的声音都会引起你的关注。铅笔滚动的声音、咳嗽的声音、鞋底蹭着地面走路的声音、窗外汽车的声音都会分散你的精力。所以，即使你在集中精力学习，这些声音也很容易令你分神。但是在本身已经有一些噪声的地方，周围人的说话声和其他声音就会被这些噪声覆盖，你不会听得很清楚。我们把这种现象称为"噪声中和"。

下雨的时候，你是不是觉得周围变得安静了？如果站在公园的喷水池旁边，你就听不到周围的噪声，也会有平静的感觉。这都是噪声的中和效应在起作用。同样，咖啡厅里的噪声也会产生噪声中和效应。因此，咖啡厅里的噪声就不会显得格外突出，反而会让我们感到舒适。

和白噪声相似，对大脑有积极影响的咖啡厅里的噪声会使我们的大脑产生使心情平静的 α 波，也会减少 β 波的产生。

《老人与海》的作者海明威在他常去的丁香咖啡厅里完成了小

说的创作；《哈利·波特》的作者罗琳也曾辗转于爱丁堡的多家咖啡厅进行写作；还有在咖啡厅给美国前总统奥巴马写就职演讲稿的乔恩·法弗罗……这样的例子比比皆是。咖啡厅好似已成为某些著名作家的工作室。如今，在咖啡厅里写作或处理业务的人更多了，这也许跟咖啡厅里的噪声可以提高注意力有着密不可分的关系。

如果孩子年龄较小，不适合去咖啡厅学习，那父母可以为孩子营造咖啡厅般的氛围。很多网站都有相关音频资源，在这里给各位家长推荐几个可以播放咖啡厅噪声的网站。

▼ www.asoftmurmur.com。该网站提供了不同类型的白噪声，其中不仅有大自然的声音，还有咖啡厅里的声音，使用者还可以自行混合搭配。这样一来，独自学习或办公的孤独感就会消失，人反而能够提高注意力。

▼ www.rainycafe.com。这个网站的特点是可以在咖啡厅噪声的基础上添加下雨的声音。如果想体验在咖啡厅里听雨的感觉，这个网站是不二之选。

▼ www.wheresound.com。这是一个可以 24 小时播放咖啡厅噪声的网站，收集了来自韩国弘益大学、江南以及新沙洞林荫路的各家咖啡厅里的噪声。听着录制好的咖啡厅噪声，即使孩子坐在学习房里，也会有身在咖啡厅的感觉。

最近在韩国学生之间流传一种叫作"名牌大学图书馆白噪声"的视频，很多学生喜欢听着这样的声音学习。而所谓的名牌大学图书馆白噪声指的就是在首尔大学、延世大学、高丽大学等名牌大学图书馆内录制的噪声。

录音的地方不仅包括名牌大学里的中央图书馆，还包括这些大学里的医学院、经营学院等特定学院里的图书馆。录制的视频时长在1～3个小时。虽然播放出来的声音只是图书馆里的微小噪声，但很多学生对在这种声音背景下学习表示很满意，也有学生在视频下留言道："图书馆太适合学习了，神经不自觉地就会受到刺激，自己也会自然而然地跟着努力学习。""想象着自己来到名牌大学图书馆学习，几个小时很快就过去了。"

其中，最有人气的"2小时首尔大学图书馆白噪声"的视频，在youtube（优兔，又称油管）上的播放量高达200多万次。最近，梨花女子大学、韩国外国语大学、韩国中央大学等名牌大学，甚至一些海外大学也开始纷纷录制图书馆白噪声视频了。

此外，在智能手机的应用商店中可以免费下载播放白噪声的软件，只要搜索"white noise"或者"白噪声"，就会出来各种应用软件。

咖啡厅噪声虽然与白噪声有相似的效果，但这种噪声对学习的影响因人而异。有些人会觉得在咖啡厅学习能够集中注意力，有些人却恰好相反。因为每个人的情况各不相同，所以父母最好先确认一下孩子对噪声的感受，再做下一步的打算。

使用白噪声时有哪些注意事项？

白噪声并不是只带来积极影响。美国加利福尼亚大学的爱德华·昌博士在 2003 年用小白鼠进行过关于白噪声的实验，结果表明，如果长时间听高音量的白噪声，大脑的发育就会受到抑制。但是绝大多数的研究结果都显示，适当的白噪声会产生积极的影响，所以关键是要正确地使用白噪声，只有这样才能提高注意力。在使用白噪声时，要注意以下两点。

▼ 不需要集中精力去"倾听"，只需自然轻松地听，就像我们不会全神贯注地去听翻书声一样。这样才能提高白噪声的效果。

▼ 把播放白噪声的设备放置在离孩子至少 30 cm 远的地方，音量控制在 50 dB 以下，因为白噪声太靠近孩子的耳朵会影响孩子的听觉系统。

嘀嗒嘀嗒——影响注意力的钟表噪声

只有声音大、音量高的声音才算噪声吗？不是的。钟表走动的嘀嗒声在安静的环境里会更加突出。这种微弱的声音平时根本听不到，但在人们学习或睡觉的时候就容易听到，让人分神。

虽然有些东西发出的声音很小，但如果长时间循环往复地出现，那么这种声音也是噪声。一直听这种噪声会让人感到焦虑，进而导致血压升高、脉搏频率增加，呼吸也会变得急促。

孩子如果想要集中精力看书，但总是被钟表的嘀嗒声干扰，可能就看不进去。最后的结果常常是他抠掉钟表里的电池，或者干脆把钟表从学习房里拿走。

钟表走动的声音可能让孩子变得敏感。韩国笑星李允锡在韩国KBS 电视台推出的一档综艺节目《家族的品格 Full House》中公开谈论了自己敏感的性格。李允锡坦言自己对钟表的嘀嗒声非常敏感，"只要听到秒针的声音，就会在心里一直数。"生活中有很多声音像钟表声一样小，但是这种反复发出的噪声，会让青春期的孩子或者本就敏感不安的孩子变得更加敏感。如果孩子表现出过度敏感或不安的状态，父母最好先确认一下是不是房间里的钟表噪声造成的。

钟表的走动声不仅会妨碍孩子学习，还会影响其睡眠。钟表走动的声音虽然很小，但是在安静的夜晚，这种规律且反复的声音会特别突出。甚至有人打趣说："如果你不喜欢一个人，就给他送一块噪声大的手表，这样就能让他整夜失眠了。"钟表的走动声会使神经变得敏感，让人总想集中注意力去听，很难进入深度睡眠。

　　父母可以在孩子的房间里试着看会儿书，如果一直能听到钟表走动声，建议把现有的钟表换成无噪声钟表、电子钟表或者不带秒针的钟表。总之，嘀嗒嘀嗒的钟表走动声容易使孩子注意力不集中，这种钟表一定要及时换掉！

学累了就听听古典音乐

　　我们在学校或图书馆等人多的地方，常常可以见到很多人戴着耳机学习。有的孩子是想借音乐声覆盖周围的噪声，这是可以理解的，但有的孩子在安静的家里学习时也会边听音乐边学习，这就令父母十分苦恼了。因为很多父母为了给孩子创造安静的学习环境，在家里甚至都踮起脚走路，殊不知另一边的孩子却在悠闲地听着音乐。

　　从孩子的角度来看，他们认为听着音乐学习不仅能防止犯困，还能提高注意力。但是父母却很担心，因为他们不知道孩子到底是在听音乐还是在学习。我们认为，虽然对部分孩子而言，听着音乐学习确实容易集中注意力，但总体来看，边听音乐边学习的效率比不上不听音乐学习的效率。

美国加利福尼亚大学的罗塞尔·福勒克教授发表研究结果称："在同时做着好几件事情的状态下学习，对知识的记忆不会深刻。"也就是说，边听音乐边学习会导致记不住所学内容。另外，大脑中负责记忆与听觉的颞叶位于双耳的正上方，所以很容易受到声音的刺激。如果颞叶持续受到音乐声的刺激，听觉细胞就会受损，进而导致记忆力下降，甚至会出现耳鸣、耳聋的现象。

如果孩子喜欢一边听音乐一边学习，家长就要引导孩子考虑这样一种情况：对现在的学生来说，"学习好不好"的判断标准是"考试考得好不好"，对那些平时习惯听着音乐学习的学生而言，考试的时候也要听着音乐才能发挥出正常水平，但考场上无法满足学生听音乐的要求，也就有可能导致成绩不理想。所以，父母最好引导孩子改掉边听音乐边学习的习惯。学习的时候专心学习，休息的时候再享受音乐。

如果孩子实在想一边学习一边听音乐，最好让他听没有歌词的古典音乐。古典音乐不仅有改善情绪的作用，还有利于提升孩子的注意力。英国伦敦大学的研究人员以儿童为对象，研究了古典音乐对儿童的影响。结果表明，听着古典音乐的儿童学习时的注意力更加集中，自律性变强，甚至社交能力也有一定提升。因此，孩子学习累了，父母可以给孩子听一听古典音乐。

说到古典音乐对孩子学习的影响，就不得不提起莫扎特效应。莫扎特效应是指在聆听《D大调双钢琴奏鸣曲》（K.448）后，人们的空间推理测试分数立即有所提高的现象。2016年《自然》杂志子刊

《科学报告》上的一项研究报告显示，小鼠和人类实验证实，聆听莫扎特的 K.448 乐曲可以提高聆听者的记忆力和空间推理能力。

大部分教育专家也都认为聆听具有莫扎特效应的音乐有助于增强大脑活动，让思维变得更敏捷，非常适合孩子的早期音乐教育。莫扎特的音乐作品大多纯净简洁、结构严谨、旋律性明显，具有莫扎特效应的音乐并不单指莫扎特的音乐作品，而是泛指具有与莫扎特的音乐作品相同或相似曲式结构的音乐作品。父母可以选取一些适合孩子的古典音乐进行播放，还可以和孩子一起了解更多古典音乐的知识，对这些音乐进行赏析，在不知不觉间丰富孩子的知识库。

另外，我们建议用音响外放音乐，尽量不要使用耳机。若使用耳机的话，一听就是两三个小时，真的会损伤孩子的听力，而且这种损伤是永久性的。外界的声波进入耳朵后，会先震动耳膜，接着被听小骨传到内耳的耳蜗，再由耳蜗里的毛细胞转化为神经信号传递给大脑。而过大的音量会让耳膜和听小骨产生强烈的震动，这会直接损伤耳蜗里的毛细胞，造成大量毛细胞死亡，从而影响孩子的听力。

如果孩子想要使用耳机，最好选择头戴式耳机，减少对外耳道和鼓膜的刺激。若使用耳机，最好将持续使用时间控制在 60 分钟以内，音量控制在合理范围内。在嘈杂的环境中不要戴耳机，因为孩子会不自觉地提高耳机音量。

带来隐形压力的低频噪声

10:00，从首尔站坐 KTX（韩国的高速铁路）去釜山！出发！

10:30，在火车上吃完盒饭再吃个鸡蛋！

13:00，好好睡了一觉，到达釜山！

你有没有这样的经历？坐公交车或火车的时候，即使睡了很长时间，依然感觉疲惫。你有可能觉得"我天生就觉多"，殊不知"罪魁祸首"是公交车或火车产生的低频噪声。

韩国标准科学研究院的郑成洙博士为了检测低频噪声，用了 2 年时间乘坐了韩国各地的公交车以及火车，最终证明公共交通工具正在释放严重的低频噪声。

在韩国，低频噪声是指频率在 100 Hz 以下的噪声，人耳几乎听不到这种声音。与日常生活中接触到的噪声不同，低频噪声不是明显的吵闹声，但我们的身体却可以感受到其震动。据说低频噪声的强度丝毫不亚于演唱会现场发出的强烈噪声，所以如果长时间被低频噪声影响，身体就会非常疲劳。

这种能让人体感受到强烈震动的低频噪声会影响大脑与内脏，导致激素分泌异常，从而引起头晕、头痛，让人感到不安、心率加速。孩子长期暴露于这种环境下会感觉到无形的压力，导致免疫力下降、记忆力减退、注意力下降、抑郁等问题。

除了公交车和火车，低频噪声还来自生活中常见的空调、加湿器、热水器、冰箱、除湿器、饮水机等电器。在现代社会，家用电器越来越多，孩子常常暴露在低频噪声中，会变得焦躁易怒。即使关着门，低频噪声也会通过墙壁或门传递出去。那么，我们怎样做才能摆脱掉如此"执着"的低频噪声呢？这里提供几个方法。

- 对于暂时不用的电器，建议及时拔掉插头。
- 低频噪声可以通过空气传播并消散，所以空气流通很重要，建议经常开窗通风。
- 尽量将低频噪声比较大的冰箱和空调放置在远离孩子学习房的地方。
- 在室内养一些绿植。
- 使用毛毯、地毯等可以减少声波振动的物品装饰房间。
- 多带孩子去户外放松，感受自然环境，避免让孩子长期处在低频噪声的环境中。

如何防止楼层噪声？

现如今，楼层噪声问题已经不再是简单的邻里问题，而逐渐演变成了一种社会性问题。家里有小孩的人应该对此深有感触。活泼好动是孩子的天性，有时候即使大人教育孩子不要乱跑、不要吵闹也无济于事。

在《我是公务员》这部电影中，主人公同意乐队在自己家的地下室排练，却引发了楼层噪声问题。因为每天晚上都被乐队的排练声困扰，主人公逐渐出现了神经衰弱的症状。从主人公无法入睡、工作效率下降、整日痛苦不堪的状态中，我们可以间接地感受到楼层噪声给人带来的痛苦。忍无可忍的主人公终于向乐队反映了噪声问题，于是乐队的音乐家们想了一个解决方案——在墙上贴鸡蛋盒。那么，鸡蛋盒真的能有效防止噪声吗？

与我们想的不一样，专家认为鸡蛋盒的防噪声效果其实微乎其微。针对这个问题，专家们提出了一个既简单又具有代表性的方法，那就是使用静音拖鞋。我们在家里穿上静音拖鞋，就能大大减少楼层噪声，减少孩子跑动对邻居的影响。另外，我们还可以将静音地毯放在孩子经常跑跳的区域。

为了预防并解决楼层噪声问题，韩国政府部门推出了"楼层噪声邻居中心"网站。这是由韩国噪声信息系统网站运营的一个网站，居民点击进入该网站，填写好诉求后，就会有专家到现场检测噪声，依据专业数据来协调当事人之间的矛盾。

那么，有没有办法能防止外界的噪声进入孩子的学习房呢？有一种方法，既可以避免孩子学习房内的噪声扩散出去，也可以防止外面的噪声传进学习房。这种方法就是使用空气缓冲材料，例如气泡膜。一到冬天，很多家庭会在窗户上贴上气泡膜来阻止冷空气的进入。其实，气泡膜不仅有良好的防风与保温效果，隔音效果也不错。所以，如果在学习房的门窗周围贴上气泡膜，会起到很好的隔音作用。下面提供一些可以借鉴的打造安静学习房的方法。

- 在装修孩子的学习房时就考虑到隔音的问题。在硬装阶段就使用隔音降噪的材料，如使用隔音棉墙体、声阻隔音毡等。
- 使用隔音效果好的门窗。如果不想重新安装门窗，可以使用隔音门贴、隔音密封条等。
- 使用隔音窗帘、隔音耳罩、隔音舱等。

制作隔音窗帘和隔音相框

1. 隔音窗帘

所需材料：

- ✅ 与窗户大小相当的两块布料（相同大小）；
- ✅ 棉絮（长、宽都比布料短 2 cm 左右）；
- ✅ 适量挂钩（用于悬挂窗帘）；
- ✅ 棉线、卷尺、几个别针、缝纫机、画粉。

①在两块布之间放进棉絮。

②将布的边缘向内折一小段，用别针固定。

③将两块布的边缘合起来，用缝纫机缝好。

④把棉絮铺平整，用缝纫机在布的中间横、竖各走几条直线（先用画粉在布上画好线，以防缝歪），缝成格子形以固定棉絮，窗帘就做成了。

⑤在窗帘上端缝上挂钩，将窗帘挂上就大功告成了。

2. 隔音相框

所需材料：

- ✅ 根据自己的喜好选择的相框；
- ✅ 棉絮、布料；
- ✅ 剪刀、胶带。

①在布料上铺上棉絮，接着在棉絮的上面放上相框背板。

②用布的边缘包裹住相框背板，再用胶带固定住。

③取下相框里的塑料板或玻璃，把做好的带棉絮的相框背板放进相框即可。

这样制作出来的隔音相框（迷你隔音壁），从正面看的话，只能看到平整的布。将隔音相框挂在墙上，可以当作留言板，也可以把几个隔音相框组合起来，布置成自己想要的形状，做成装饰品。

（制作方法来源：宜家）

Chapter

08

充满力量的香气

闻香益脑——用香气赋能孩子的记忆力

闻到特定气味，便会开启某段记忆的现象被称为"普鲁斯特效应（Proustian Effect）"。气味和记忆有着密切的关系。日本脑科学家茂木健一郎在《大脑活用学习法》中提出："要想加深记忆，就要刺激多种感官。"比如，当在香气萦绕的环境中学习时，香气可以刺激人的嗅觉器官，使学习内容记得更长久。

有研究表明，闻自己喜欢的香气时，鼻腔嗅觉受体会触发大脑释放内啡肽。这种"快乐激素"不仅可以平复杏仁体的焦虑波动，还可以在海马体内搭建起记忆巩固的"支架"，温和地给脑神经以动力。那么，哪些香气适合孩子呢？ ①

我们比较推荐的是天然香草、肉桂。它们的香气不仅能够提高

---

① 译者注：2023 年，美国加利福尼亚大学欧文分校神经科学研究所发布突破性研究成果，证实嗅觉刺激对海马体记忆巩固的显著作用。研究团队选取 7 种代表性植物精油（玫瑰、薄荷、柠檬、橙子、薰衣草、迷迭香、桉树精油），设计为期 6 个月的双盲对照实验。实验组参与者每晚睡前持续闻嗅单一气味 2 个小时，结果显示其情景记忆测试得分提升 226%，显著高于对照组的 43%。研究进一步通过功能磁共振成像（fMRI）扫描发现，特定植物香气可激活海马体与杏仁体间的 γ 波段同步化，增强记忆痕迹的神经网络连接密度。

注意力、增强记忆力，还能减轻孩子的头痛问题，缓解焦躁与压力，甚至还可以驱散令人讨厌的蚊虫。

特别是初中生、高中生，他们正处于身体活跃、荷尔蒙分泌旺盛的阶段，上完一天课回到家，孩子的衣服常常被汗水浸湿，学习房也会散发出难闻的味道。这时，如果在学习房内放置香薰，既可以在短时间内去除异味，也能愉悦心情、提升学习力，可谓一举多得。

令人心情舒畅的植物香气

薰衣草

薰衣草是一种功能性很强的香草。用薰衣草泡茶喝，既能起到镇静的功效，还能缓解紧张性头痛，增强免疫力。薰衣草的香气具有镇定安神、舒缓神经、缓解压力的作用，还有抗菌消炎、解痉镇痛的功效，杀菌和防虫的效果也不错。另外，当出现郁闷、焦躁、心绪变化无常、无法入睡的情况时，可以闻一闻薰衣草的香气，怡情养性、缓解疲劳、促进睡眠。

玫瑰

玫瑰有收敛、补气血的功效。它散发出的优雅香气使人心旷神怡，感到幸福。玫瑰中的醇类等天然成分可以缓解焦虑情绪，改善睡眠质量，提升自信心。

茉莉花

茉莉花的香气清新淡雅，能够缓解疲劳，使人心情放松，适合在考试期间或压力大的时候使用。另外，在厨房里放一束茉莉花也可以使空气清新，营造一种优雅的氛围。

柏木

柏木散发着具有温暖特质的木质调香气。柏木中的柏木烯等天然成分，可以调节交感神经，帮助放松身心。

有益于呼吸道的植物香气

茶树

茶树具有独特而强烈的香气，这种香气可以使人头脑清晰、心情舒畅。它还有独特的杀菌、抗菌功能，可缓解呼吸道疾病、花粉过敏等。如果家中有严重过敏的孩子，换季时在室内摆放一盆茶树，对缓解过敏症状有很大帮助。

薄荷

薄荷含有薄荷醇、薄荷酮等天然成分，其香气清冽，可以让孩子头脑清醒，还能够缓解压力和疲劳，驱散睡意，有助于恢复注意力。以薄荷为原料制成的产品具有改善鼻塞、缓解咽喉疼痛等功效。而且，薄荷中的挥发性油可以刺激胃肠道蠕动，促进消化液分泌。

有助于提高注意力的植物香气

迷迭香

迷迭香有收敛、利尿、发汗的作用。它的香气清新怡人，能够镇静安神。迷迭香的樟脑成分可以刺激前额叶皮质，提高大脑活力，提升注意力与记忆力，对工作与学习大有益处。如果孩子早上起床困难，可以给孩子闻一闻迷迭香，它的香味能使孩子快速清醒。

尤加利

尤加利很受考生们的欢迎，因为它的香气能够提高注意力、安神解压。尤加利还是一种天然的药材，它含有桉油醇成分，具有抗菌、消炎止痛、祛痰的作用，对小伤口以及支气管炎等呼吸道疾病有着很好的疗效。

欧薄荷

欧薄荷的香气不仅能使空气清新，还能抗菌杀菌、理气和胃、预防感冒。欧薄荷的香气让人神清气爽，和其他香气搭配使用，可使效果加倍。

利用植物的香气来缓解压力或安气宁神的方法叫作香气疗法或香薰疗法。家长可以自己制作香薰，也可以购买香薰精油。接下来介绍其他一些具有香气的植物及其作用。

- ▼ 甜橙：缓解焦虑、抑郁情绪，促进食欲。
- ▼ 罗马洋甘菊：镇定、止痛、安眠。
- ▼ 葡萄柚：提振情绪、提神醒脑、促进食欲。
- ▼ 檀香：镇定安神、收敛、补身、抗菌消炎。
- ▼ 柠檬：提神醒脑、消毒、杀菌。
- ▼ 柠檬草：改善情绪、促进食欲、消炎。
- ▼ 佛手柑：缓解疲劳，疏肝理气。

到目前为止，我们已经了解了各种香气的功效。虽然我们在生活中经常可以遇到使用香气的情况，但真正了解该如何使用的人却很少。在给孩子学习房使用香薰的时候，要结合孩子的喜好以及健康状况使用。另外，过犹不及，无论是多么好的香薰产品，孩子的用量都应是成人的一半。

给孩子选择一款适合他的香气，离不开父母的智慧。父母可以陪着孩子一起寻找他喜欢的香气，这个过程可以让孩子的情绪变得平静。

能净化空气的植物

近年来，雾霾现象比较严重。长期的雾霾天气对孩子的成长与大脑发育都会产生不良影响。

在这种环境下，家里的每个房间最好都放置一台空气净化器，或者摆放一些可以净化空气的植物。那么，哪些植物适合放在学习房里呢？

前文提到的迷迭香就是一种可以净化空气的植物。迷迭香是香草的一种，有种特别的香气，经常用于制作空气清新剂。它能产生负离子，吸收二氧化碳，使大脑清醒。另外，迷迭香对缓解压力与增强记忆力也有很好的效果。

长期的雾霾天气会使孩子的身体健康受到威胁。很多人喜欢在家里放一盆香龙血树，因为它能够净化空气，保护孩子的支气管健康。同时，香龙血树还能够吸收空气中的甲醛、苯等有害物质，所以它也适合放在学习房里。

石笔虎尾兰能够吸收甲醛、丙酮、苯乙烷等室内有害物质。它的空气净化能力比其他植物高出 3 倍左右，而且还能吸收对身体有害的电磁波，所以它是一种很适合放在学习房里的绿植。另外，石笔虎尾兰容易养护，不用经常浇水就能旺盛地生长。

除此之外，伽蓝菜属、合果芋、普米拉等植物也有较好的净化空气的效果。

Part 3

对提升学习力
有帮助的事物

这些营养成分可以
增强孩子的记忆力

对孩子大脑有益的食物

营养是促进身体发育最基本的要素。孩子的身体处于生长发育的关键阶段，要给孩子适当补充营养，这样不仅能促进孩子的身体发育，也能提高孩子的认知能力。

哪些食物对大脑有益呢？最具代表性的食物就是牛奶与乳制品、坚果、青背鱼等。这些食物中的营养成分可以增强孩子的记忆力、提高其注意力和学习能力。虽然大脑只占据我们身体 2% 的体积，却消耗身体 20% 以上的能量，所以只有摄取足够的营养，孩子的记忆力才会变好，大脑才会变聪明。

青背鱼

众所周知，青背鱼富含 Omega-3 和 DHA。DHA 可以激活脑细胞，促进大脑发育，提高学习能力。最具代表性的青背鱼当属青花鱼，秋刀鱼、鲅鱼、金枪鱼、鳗鱼、三文鱼等也是不错的选择。

黑豆

豆类也是很好的健脑食品。与普通豆类相比，黑豆富含优质的蛋白质与脂肪酸，以及重要营养成分 B 族维生素。黑豆可以提高免疫力，食用炒过的黑豆能够提高大脑的活跃度。孩子学习的时候碳水化合物的消耗量较大，所以会时常感到饥饿。给孩子炒一些黑豆当小零食吃，可以补充营养成分，又能增加饱腹感。如果孩子不喜欢直接吃，也可以将黑豆做成豆腐或豆奶，营养素摄取率会更高。

坚果

花生、杏仁、南瓜子以及与大脑形态相似的核桃，都含有很多的人体必需的脂肪酸。用坚果代替加工食品，美味又健康。另外，坚果中含有丰富的有益于大脑发育的氨基酸与维生素，以及对神经系统有益的镁、钙和钾。因此，坚果具有增强自我控制力的作用。学习的间隙把坚果当零食吃，是不错的选择。

鸡蛋

被称为"完美食品"的鸡蛋含有丰富的蛋白质，能够促进孩子生长发育，增强免疫力。

鸡蛋中含有丰富的维生素 B_6 和维生素 B_{12}，有助于刺激多巴胺的分泌，蛋黄能增强记忆力。除此之外，鸡蛋还有助于促进葡萄糖代谢，为大脑提供营养。鸡蛋是最容易烹饪的食材之一，而且烹饪方法多种多样，可以根据孩子的喜好来选择。

牛奶和乳制品

牛奶和乳制品含有丰富的钙。钙是人体非常重要的营养物质，能够调节神经功能、缓解疲劳。牛奶和乳制品也是优质蛋白质的来源，所以要经常让孩子食用牛奶及酸奶、奶酪等乳制品。

牛肉

牛肉中含有丰富的锌和铁，对提升注意力、增强记忆力有很大的帮助。牛肉的雪花纹（大理石花纹）脂肪含量高，会导致肥胖，所以吃牛肉时要减少碳水化合物的摄入。另外，牛肉中含有大量的优质蛋白质，每 100 g 牛肉中含有 20 g 左右的蛋白质。优质蛋白质虽好，但也不可过量摄入，蛋白质的摄入量应该根据个体的身体状况、年龄、性别等来确定。

碳水化合物

碳水化合物是我们身体的主要能源，不仅能促进孩子生长发育，还能起到给大脑补充能量的作用。我们摄入的碳水化合物在体内可以被分解成葡萄糖。葡萄糖是大脑必需的营养物质，身体需要持续不断地向大脑供应葡萄糖。糖在我们的身体里被吸收得非常慢，所以我们应该尽量在白天摄入碳水化合物。谷薯类食物也含有丰富的碳水化合物，可以用来做孩子的早餐，让孩子元气满满地开始新的一天。

糖

说到糖的营养成分，很多人会表示疑惑：糖还有营养？其实，糖对身体也是有好处的，它能够刺激大脑，保持大脑的活跃度。为了激活大脑，摄入一定的糖分是必要的。但是，必须严格控制摄入量。世界卫生组织建议，不应该为 3 岁以下的婴幼儿提供加糖食品，这里所说的糖包括儿童食品和饮料中的游离糖 ①。孩子每天的糖摄入量不应超过 50 g，最好控制在 25 g 以下，因为摄入过多的糖会对孩子的健康有害，如引发肥胖、注意力不集中、情绪起伏大等问题。

黑巧克力

黑巧克力可可含量高，富含黄烷醇成分，能促进大脑新陈代谢，提升注意力。黑巧克力中的锌、镁、铁含量丰富，有益于大脑健康。但是，再好的食物吃多了也会对身体有副作用，所以要适量摄取。

蓝莓

蓝莓除了具有抗氧化功效，对大脑也有好处。蓝莓中含有丰富的类黄酮，类黄酮能够通过多种途径促进神经再生和修复，包括增强神经元的存活、增殖和分化能力，以及促进神经突触的形成和功能恢复。研究表明，蓝莓有助于保护大脑免受氧化的影响。蓝莓中的化合物还能改善脑细胞之间的连接，增强记忆力和学习能力。许多研究表

---

① 译者注：游离糖指的是添加糖和其他甜味剂，包括所有糖浆、蜂蜜、果汁、浓缩果汁或甜味剂（如糖精、安赛蜜、三氯蔗糖、阿斯巴甜、甜叶菊）等。

明，经常食用蓝莓可以提高注意力、决策能力和整体认知能力。日常生活中，富含类黄酮的食物还有其他浆果类食物及欧芹、紫甘蓝、绿茶、黑巧克力（可可）等。

健康的身体是好好学习的基础。只有身体健康，大脑才能快速运转。如果孩子因为体力下降而感到学习吃力，父母就需要用心调整一下孩子的饮食方案。另外，由于孩子的体质不同，即使是营养价值很高的食物，孩子也有可能出现不耐受的情况，所以父母要时刻关注孩子的身体状态。健康的食物也要遵循适合、适量、均衡搭配的原则才可以。

除了培养孩子健康的饮食习惯，父母还要让孩子加强体育锻炼。西班牙的一项研究显示，运动会让孩子大脑中 9 个不同区域的大脑灰质增多，这些区域关联认知功能、执行功能、学业表现等。英国埃克塞特大学的研究也指出，体育运动能增强大脑功能，从而提高孩子的学习成绩。因此，运动对孩子的身体健康和学习都十分有益。

小贴士

不建议给孩子喝功能性饮料

功能性饮料虽然可以提神醒脑，但是有很大的副作用。功能性饮料含有大量咖啡因、添加剂等刺激性成分，会刺激机体，引起孩子中枢神经兴奋性增强，容易影响正常的记忆力和注意力。而且孩子正处在发育阶段，如果长期过量摄入这些成分，会加重身体自我调节的负担，可能对他们的消化系统、泌尿系统以及神经系统产生影响。

加拿大滑铁卢大学和达尔豪斯大学的一个研究小组对8000多名高中生进行了一项研究调查，结果发现，与不喝功能性饮料的学生相比，喝的学生会有抑郁倾向。美国医学协会也曾表示，功能性饮料可能对心脏健康产生不良影响，应该禁止向18岁以下的青少年销售。虽然功能性饮料可以让孩子暂时精神起来，但我们不能忽视它对孩子的身心健康带来的危害。

远离碳酸饮料

　　碳酸饮料中含有大量的色素、防腐剂等添加剂，这些对孩子的身体没有任何好处，不仅会让孩子越喝越渴，还会增加肥胖的概率，妨碍身体对维生素和矿物质的吸收，影响孩子的正常生长发育，而且孩子很容易对甜甜的碳酸饮料上瘾。父母可以给孩子自制一些对健康有益的果蔬饮料来代替。下面介绍几款可以在家自制的饮品。

▼　五味子气泡水：20 ml 五味子原液加上 500 ml 气泡水。五味子是一种中药，药性温和，味道酸酸甜甜，可以宁心安神，益气补肾，增强身体免疫力，缓解疲劳，提升活力。

▼　李子气泡水：30 g 李子酱加上 500 ml 气泡水。如果

没有李子酱，也可以将若干新鲜李子捣碎使用。李子含丰富的糖类、B族维生素、维生素C以及果酸，具有增进食欲、促进新陈代谢、促进胃肠蠕动、润肠通便的功效。而且其富含铁质，可以促进血红蛋白再生，消除疲劳，增强抵抗力，但一次不宜食用过多。

▼ 水果饮：将新鲜的水果切成合适的大小，放入杯中，加入少量蜂蜜（或黄冰糖）和适量温水，搅拌均匀即可。水果的种类可以根据孩子的喜好进行选择。温水也可以用椰子水代替，椰子水富含维生素C和镁、钾、钙、钠等电解质，非常适合孩子在运动后或生病时补充水分。

▼ 绿茶柠檬水：将新鲜的柠檬切片加入绿茶茶汤中即可。绿茶可以帮助孩子提神醒脑，绿茶中的抗氧化剂儿茶素可以降低患心脏病、癌症的风险。美国《食品科学》杂志刊登过普渡大学的一项研究，发现在绿茶中加入富含维生素C的柠檬汁，可以使人体对儿茶素的吸收率提高13倍。儿茶素是茶多酚中最重要的一种。茶多酚可以帮助清除体内的自由基，有延缓衰老、预防疾病的作用，并且还具有抗炎、抑菌的作用。

红茶、普洱茶、花草茶等茶饮也是不错的选择。玫瑰茄茶含大量柠檬酸和维生素C，有助于缓解疲劳；红茶富含胡萝卜素、维生素A、钙、镁、钾等，可以养胃护胃、强壮骨骼、增强免疫力、提高注意力；菊花茶可以平肝明目、清热解毒。但要注意的是，不宜让孩子饮用浓茶，儿童每天饮用的茶叶量在 3 g 以内为宜。另外，尽量在白天饮茶，以免造成失眠问题。

　　适合孩子的健康饮品其实非常多，父母可以结合孩子的喜好，尽情发挥自己的创意。

补充可提高记忆力和专注力的营养素

脑细胞是人体中十分复杂的细胞，它们的寿命很长，而且特别需要营养。科学家和营养学家经过不断探索，发现丰富的营养对人的记忆力、行为和注意力有积极影响。无论是孩子、中年人还是老年人，要想让思维保持敏锐、大脑功能正常运行，都要注意补充营养，因为营养对人的身体起着关键的作用。

孩子的智力发育离不开食物，众所周知的七大营养素都是维持大脑正常功能不可或缺的，因此均衡的饮食对于孩子的生长发育至关重要。这一节我们想重点讲讲可能被大家忽略的、对提高记忆力和专注力非常重要的营养素。

大脑喜欢的物质

* 抗氧化物质

抗氧化物质可以调节神经递质的合成和释放，抵御对大脑造成损伤的一些压力，减少脑部炎症，补充脑源性神经营养因子，对平衡脑波、提高注意力有很好的帮助。

常见的抗氧化物质有维生素 C、花青素、胡萝卜素、姜黄素、

L– 茶氨酸等。富含维生素 C 的食物有柑橘类水果以及草莓、番茄、红辣椒、菠菜等。富含花青素的食物有蓝莓、紫葡萄、紫甘蓝、桑葚等。富含胡萝卜素的食物有胡萝卜、南瓜、红薯、番茄等。富含姜黄素的食物有生姜、咖喱、大蒜等。富含 L– 茶氨酸的有绿茶、红茶、白茶。

* 某些矿物质

矿物质有很多，与专注力和记忆力相关的主要有 7 种：镁、铁、锂、锌、碘、铜和铅。前 5 种需要根据孩子自身情况增加摄入量，后 2 种需要减少摄入量。此处我们先介绍前 5 种矿物质。

· 镁

镁可以改善神经系统功能，若体内缺乏镁，孩子会出现坐立不安、注意力不集中、暴躁、焦虑等症状以及睡眠问题。

富含镁的食物主要是绿叶蔬菜、全谷物、豆类、坚果等。现在很多孩子不爱吃杂粮，不爱吃蔬菜，家里也不会刻意给孩子吃坚果、豆制品，所以孩子很容易缺镁。

镁可以通过调整饮食结构来补充，也可以选择服用补充剂，比如甘氨酸镁。要注意控制补充量，过量补充易导致腹泻。

· 铁

体内充足的铁含量对保持专注力相当重要。缺铁可能导致诸多症状，包括注意力下降（注意广度缩小、持久性降低）以及执行复杂心理功能的能力受阻。有研究发现，有 84% 以上的 ADHD（注意缺陷与多动障碍）儿童体内铁蛋白水平异常低。缺铁会导致贫血，贫血意味着脑部供血不足，大脑功能减退，神经组织受到损伤。贫血会加重孩子注意力不集中的情况，并使冲动暴躁的症状更明显。

红肉、动物血、内脏等动物性食物中含有丰富的血红素铁，且其吸收率高。菠菜、大枣、芹菜等食物中所含的主要是非血红素铁，这种铁不易被吸收利用。因此，对注意力不集中的孩子来说，补充的铁应以血红素铁为主，具体补铁方案应咨询医生。

· 锂

锂是一种跟人的情绪精神障碍有关系的矿物质，主要存在于水和土壤当中。补充适量的锂能够有效地缓解儿童暴躁、愤怒的症状，减少攻击性的行为。锂的主要来源是地下水，所以大家平时可以多饮用天然的矿泉水、地下水，避免喝过度加工的水。另外，蔬菜、水果、谷物、肉类中都含有少量锂。

· 锌

海马体是记忆形成和长期储存的区域，锌有助于海马体中新神经元的形成，保护神经元免受氧化反应的损伤，使得神经元保持活力，从而有助于增强记忆力。如果体内缺锌，这个过程就会受到影响。锌还在轴突和突触传递以及脑微管蛋白生长和磷酸化中发挥重要作用。儿童认知能力低下、冷漠和智力低下可能与缺锌有关。

锌的主要食物来源有全谷物、豆类、坚果和种子、黑巧克力、鸡蛋、红肉、海鲜以及乳制品。

· 碘

碘是合成甲状腺激素的关键原料，对大脑的生长发育起着重要的作用。例如，参与神经胶质细胞分化、促进髓鞘形成、促进神经突触发生。缺碘的儿童会出现精神不振、生长发育缓慢、智力低下等症状。如果需要补充碘，可以在烹饪时使用加碘盐，也可以多食用叶菜、鱼、乳制品、鸡蛋和动物蛋白等。

* 益生菌

大家知道，人在生气、紧张的时候会胃痛、没有食欲，压力大的时候肠胃容易出问题，而这些印证了脑－肠轴的存在。脑－肠轴是将中枢神经系统与肠神经系统、神经－内分泌－免疫系统连接起来而形成的双向调节通路，在调节胃肠运动功能、内脏敏感性、脑肠肽分泌、机体对应激的反应性、中枢认知功能等方面发挥重要作用。

事实上，肠道和大脑确实能互通。研究表明，人的大脑中枢神经系统和肠神经系统之间可双向通信交流，有问题的胃肠道可以向大脑发送信号，同样，有问题的大脑也可以向胃肠道发送信号。人体内的肠道菌群有 1～2 kg，它的数量是人体细胞的 10 倍。肠道菌群附着在肠黏膜上，菌群里的益生菌可产生一些神经递质，然后通过迷走神经传递并影响到大脑，又进一步影响人的行为。肠道中有一种有害菌叫梭状芽孢杆菌，它会使神经递质多巴胺水平过高，从而引发孩子注意力不集中的问题，而益生菌能够"挤走"这种有害菌，所以要给孩子适当补充益生菌。

大脑不喜欢的物质

* 铜和铅

· 铜

微量的铜是身体需要的，但过量的铜会导致头痛、脱发、恶心，还会阻止血清素的产生，使多巴胺过量，让孩子产生冲动及攻击性行为。我们要注意避免摄入过量的铜，要留意一下家里的水龙头、热水管是不是全铜的，吃火锅也不要总是用铜锅，其他锅、碗、勺也尽量不用铜质的。

另外，在人体内，锌和铜存在拮抗关系，就像跷跷板的两端，一个升高另一个就降低。因此，治疗铜过量的方法是补锌。关于如何补锌，大家可以看"大脑喜欢的物质"中的相应内容。

· 铅

如果说少量铜有益于孩子的健康，那么铅真的是对孩子一点好处都没有，一点点铅都会损害孩子的大脑。血铅水平越高，孩子出现智商低、注意力不集中的问题就越严重。好在铅是否过量是可以检测的。平时要避免铅的摄入，注意远离被污染的环境，避免吸入二手烟、汽车尾气，选择安全合格的儿童玩具、书籍，要避免用已经生锈的水龙头等。

* 麸质，酪蛋白

长期高麸质、高酪蛋白的饮食方式可能带来的后果包括产生语言听力障碍、产生幻觉，出现脑雾、持续疲劳、暴躁、攻击性焦虑和抑郁。当然，大家可能觉得，我们每天吃小麦制品、喝牛奶也没出现健康问题。

但一些研究发现，健康的人每天少量摄入麸质和酪蛋白是没问题的，摄入过多则会产生一定依赖。

现在有些注意力不集中甚至患有 ADHD 的孩子本身就对麸质、酪蛋白过敏，他们就更需要避免摄入了。

* 农药

哈佛大学的研究人员发现，ADHD 儿童尿液当中的有机磷酸酯的代谢水平比较高，而有机氯农药可能增加儿童行为障碍的风险。现在很多蔬果都存在农药残留超标的问题，所以父母要特别注意加强对蔬果去除农药残留的处理，或者多食用有机绿色蔬果。

* 人工色素

食品包装上的配料表中出现的诱惑红、日落黄、胭脂红这些物质基本都是人工色素。它们作为异物很容易受到身体的排斥，刺激免疫细胞释放组胺，注意力不集中的孩子很难代谢组胺，因而这些化学物质会加重注意力不集中的情况。

* 过量的糖

摄入过多的糖会伤害孩子的脑细胞，降低记忆力，用通俗一点的话来说就是：吃糖会让人变笨。孩子吃太多糖会导致身体出现胰岛素抵抗现象，当大脑中掌管记忆的海马体中的细胞也出现胰岛素抵抗现象时，学习能力和记忆力就会降低。2018 年，瑞士巴塞尔大学研究发现，摄取含糖量过高的食物，会导致孩子的认知功能下降。刚开始可能看不出什么影响，但时间久了，语言能力、理性思考能力、注意力、抽象判断能力等将会受损。目前，很多儿童都存在糖摄入过量的问题，雪糕、饮料、甜点、蛋糕等是无数孩子的最爱。为了孩子的健康，我们一定要让孩子适度摄入高度加工的食品以及高糖食品。

* 双酚 A

塑料中的部分化学物质，例如塑化剂、双酚 A，可能会对孩子的内分泌系统造成干扰，进而影响大脑发育，增加出现注意力缺陷等问题的风险。此外，这类物质可能会对免疫、生殖和骨骼发育等方面产生不良影响。为尽可能规避这些危害，家长可采取以下措施：

▼ 在选购产品时，我们应该注意查看标注，并优先选择标明"食品级"且不含双酚A、邻苯二甲酸酯等有害物质的产品；

▼ 在餐具选择上，优先使用玻璃、不锈钢等材质的餐具；

▼ 避免使用塑料容器盛装热食，也不要使用塑料容器进行微波加热；

▼ 注意防止孩子啃咬塑料玩具和塑料包装等。

小贴士

用糖水漱口可以集中注意力

美国佐治亚大学心理学研究组以51名大学生为对象，就糖水对人体的影响进行了研究。研究结果表明，如果用糖水漱口，自制力就会增强，可以持续保持注意力。

糖水里含有很多葡萄糖，实验结果显示，葡萄糖刺激舌头上的"糖传感器"，然后会发送信号给大脑中与自我控制相关的认知动机中枢，这些信号就是在提醒大脑保持注意力。如果孩子自控力较弱，或者完成需要一定自控力的任务时存在困难，可以让他尝试一下用低浓度糖水漱口的方法。糖水漱口后应将糖水吐出，避免吞咽。另外，可以用清水再漱一次口，降低患龋齿的风险。

食物过敏对孩子的影响

食用了特定食物而导致了不正常的免疫反应，就是食物过敏。发达国家 60% 以上的人受到食物过敏的影响，食物过敏已经是一种非常严重的现代疾病了。

食物过敏分为急性食物过敏和慢性食物过敏。急性食物过敏是指吃了某种食物后几个小时甚至几分钟内就出现症状。慢性食物过敏指吃了某种食物后 1 天甚至几天后才出现症状，且症状持续时间较长。如果是慢性食物过敏，可能出现不明原因的疲劳、腹痛、食欲不振等广泛的症状。特别是吃食堂的学生，如果不了解自己的过敏情况，就很难分辨哪些食物是自己不能吃的。由于人的体质各异，所以过敏原也五花八门，而且慢性食物过敏检查与急性食物过敏检查不同，所以父母最好带孩子到专门进行过敏检测的医院接受检测。另外，13 岁之前，是对食物过敏反应严重的年龄，因此食物过敏测试最好在 13 岁之前进行。

不仅如此，食物过敏还会导致孩子注意力难以集中，大脑功能低下等问题。近年来的研究发现，儿童过敏性疾病可共患 ADHD、强迫症、孤独症、抽动症等多种神经精神疾病。研究人员已经证实哮喘患儿比非哮喘患儿更容易患 ADHD、抑郁症、行为障碍、强迫症、学习障碍等，且过敏性疾病的症状越重，精神问题越突出，尤其是注意缺陷多动问题。

过敏原较多的孩子应该养成检查食品成分表的习惯，尽可能减少接触过敏原的可能性。

日本、美国、奥地利等国家的部分学校为容易食物过敏的学生准备了替代便当，或者设置了专属的用餐区域。

小贴士

食物过敏检测方法

▼ 血液检测法：抽血 50 ml 左右进行分析，程序和过程并不复杂，多适用于儿童。分为 0 ~ 6 个过敏级别，级别越高，过敏反应越严重。

▼ 皮肤测试法：包括点刺测试和皮内测试，都是让过敏原直接接触皮肤后观察反应的检查。这种方法的检测结果更为准确，缺点是，对各过敏原都没有反应时要持续进行确认，某些严重过敏者可能出现强烈过敏反应甚至过敏性休克，具有一定风险。

父母是孩子的助力者

不同的环境培养不同的孩子

孩子如同一颗蕴藏无限可能的种子，父母用心"播种"、"施肥"，就是为了让"种子"能够结出丰硕的果实。而种子的生长离不开阳光雨露的润泽，同样，孩子的成长也需要有一个充满爱与智慧的良好的学习环境。

学习环境可以大致分为两大类，即物理环境、心理环境。物理环境显而易见，但心理环境却看不见、摸不着。因此，如果心理环境出现问题，处理起来就会比较棘手。这两种环境彼此映照，相互影响。

父母的言行会对孩子的心理产生重要影响，因此父母应该掌握一些必要的关于心理环境的知识。要知道，一个健康的心理环境并不是在短期内可以形成的，而需要坚持不懈地努力创造。因此父母要经常与孩子进行情感交流，这样孩子的心里才能产生安全感。孩子有了足够的安全感，才会集中精力学习。

特别是青少年，他们的大脑还没有完全发育成熟（负责控制情绪、思维能力的额叶是大脑发育最晚的部分），所以青少年容易冲动、情绪不稳定。在这个关键时期，父母对待孩子的态度，将潜移默化地影响孩子内心的安全感和自尊心。总之，让孩子这颗种子在优质的土壤中健康地生根发芽，是每一位家长的职责。

学习的内驱力

　　孩子有了学习动力才能够自主学习。如果没有学习动力，无论给他打造多么优质的学习房也无济于事。而且，学习是一场持久战，孩子很容易因在中途感到无聊而放弃。因此，父母要想让孩子自主学习，首要任务就是帮孩子找到明确的学习动力。

　　学习动力多种多样。最好的学习动力是让孩子自己爱上学习，自己制定学习目标，因为内在的学习动力（即内驱力）最持久。但是对孩子而言，相比于内驱力，他们更容易受到外在因素的影响，年龄越小越是如此。

　　如果孩子受外在因素的影响对学习产生了兴趣，父母和老师要适当助力，帮助孩子将外在动力转换成内驱力。那些没有内驱力的孩子会觉得学习很难，学得很吃力，容易被游戏等诱惑吸引，甚至最后直接放弃学习。与之相反，有内驱力的孩子能自觉屏蔽周围的诱惑，更容易沉浸地学习。父母可以通过以下方法引导孩子产生内驱力，爱上学习。

　　激发孩子内驱力的最有效的方法就是称赞与鼓励。一个有趣的现象是，很多父母虽然知道这种方式最有效，但实际上他们却成了用语言打压孩子最多的那个人。

那么，怎样称赞与鼓励孩子才最有效呢？伦纳德·伯恩斯坦是一个将"称赞的领导力量"发挥到极致的美国音乐指挥家。他从不吝啬对交响乐团成员的赞美，在他的称赞下，每一位成员都把舞台当成自己的主场，刻苦练习，打磨技术，同时为了继续得到伯恩斯坦的称赞而坚持不懈地努力。因此，伯恩斯坦带领的交响乐团一直都是优秀的乐团。

伯恩斯坦的称赞法则有三大要素：第一，称赞的内容要具体；第二，在公开场合称赞；第三，要及时称赞。面对孩子，父母在借鉴这三大要素的同时，要对孩子能够自己实践的行为真诚地称赞，要重点称赞过程而不是结果，这样才算是有效的称赞。

如同硬币有正反面，称赞也有两面性。如果称赞的方式有误，反而会起到反作用。韩国教育广播公司（EBS）纪录片《称赞的反作用》中为我们展示了一个例子：如果孩子得到了过度的称赞，即所做的事情与获得的称赞不匹配，就会让孩子感到压力。为了迎合这些称赞，孩子就会采取投机取巧的行为，如为了保持成绩第一而在考试时作弊。

有人做过一个实验，对一些孩子说，谁读的书多，谁就能得到小贴画，结果孩子们为了得到小贴画，专挑简单的书，草草读完了事，只关注读书的数量。不过，也不能因为称赞的反作用就全盘否定称赞的力量。

各位父母平时是如何称赞孩子的呢？请记住，要具体地称赞孩子所做的事情才能增强孩子的自信心。

让孩子拥有内驱力的另一个方法是帮助孩子规划未来。孩子对自己未来的目标越清晰，内驱力就会越强。

未来学家杰里米·里夫金在《工作的终结》一书中预测 2030 年与 2050 年将只剩下 30% 和 5% 的工作岗位。未来学家们认为，如今的绝大部分职业在未来将会消失。对养育孩子的父母来说，他们需要对未来社会的发展有一定的了解，并做好应对未来的准备。

孩子的梦想可以和特定领域的知识有关，可以和自己的兴趣爱好有关，也可以和某种价值观和态度有关。那么，父母应该怎样指导孩子规划未来呢？我们认为最关键的是要让孩子知道，没有一颗心会因为追求梦想而痛苦，要去享受追梦的过程，创造出自己的价值。

正如孔子所言，"知之者不如好之者，好之者不如乐之者。"如果孩子既拥有独立的人格，又享受追梦的过程，这些就足以支撑他去应对未来的一切不确定性。而助力孩子实现梦想、更好地迎接未来挑战的，正是未来指向型学习。

什么是未来指向型学习呢？未来指向型学习不是单纯地背诵或者机械地答题，而是培养创新能力、分析能力以及解决问题的能力。

如果孩子在学习上没有内驱力或者内驱力不足，父母就要帮助孩子努力寻找激发或增强内驱力的方法，并且使学习环境与内驱力相协调，这样才能发挥出最大的效果。而一个适合孩子的学习环境，也可能成为强化孩子内驱力的有利条件。

适合孩子的学习环境

孩子的学习类型可以分为很多种，你知道自己的孩子属于哪种学习类型吗？就像医生需要先诊断疾病，再对症下药一样，判断孩子的学习类型也是打造学习房的重要条件。

独立型

独立型孩子不会感到学习有困难，他们喜欢自主学习，而且他们的学习成绩通常比较好。但是有时候学习方法不对，就会导致他们在某些学科的学习上遇到瓶颈，所以父母要重点关注孩子的学习方法。自主学习是很好的学习习惯，对提高学习成绩有很大帮助，父母要帮助孩子继续保持。

另外，独立型孩子大多喜欢校园生活，与同学相处也非常融洽。他们在学习方面很积极，喜欢开放式的学习方式，例如，以小组为单位研究课题、在课堂上发表自己的意见等。如果孩子是独立型孩子，父母应当尽可能按照他的想法布置学习房。

依赖型

依赖型孩子常常学习方法不明确，也很容易有学习方法方面的困扰。他们不喜欢自己用心钻研，学习时也不会统筹安排，分不清主次。他们属于被动学习型孩子，所以学习效率不高。

他们的优点是能虚心接受别人的建议。因此，如果能教给他们正确的学习方法，他们就会取得很大的进步。对于依赖型孩子，父母要培养其好的学习心态。例如，教育孩子在合作学习的时候不跟同学起纷争，以及即使在完成作业的过程中不断出错，也要尽量调整状态，继续完成学习计划。

依赖型孩子被动地接受学习，喜欢和别人一起学习。因此，父母可以将学习房装饰成黄色调或橙色调，这样能激发出孩子的活力。父母还可以将学习房打造成一个可以与父母或者兄弟姐妹一起学习的空间，利用协同效应激励孩子学习。

合作型

合作型孩子对待每件事情都积极认真，喜欢校园生活，人际关系和谐。他们社交能力强，喜欢和同学合作探索。

现在韩国很多学校越来越倾向于以小组课题的形式布置作业。合作型孩子能很好地适应这种作业形式。在孩子小的时候，父母尽量让孩子多去体验不同的新鲜事物，以此来确定其未来的发展方向。确定好未来的发展方向后，就把孩子参加过的活动整理成作品集，为将来的综合选拔做准备。

比起填鸭式教育，合作型孩子更喜欢启发式教育。除此之外，他们还喜欢在课堂上发表自己的见解。比起以写为主的作业，他们更喜欢以读为主或者以活动为主的作业，活动越丰富，他们越觉得有趣。

所以，在装饰合作型孩子的学习房时可以选用蓝色系。蓝色能够帮助孩子沉静下来，提高孩子的耐心、自律性以及注意力。

竞争型

竞争型孩子在遇到竞争时获胜的概率较高。如果是在体育竞技的赛场中，他们会奋力拼搏，从人群中脱颖而出。

无论结果好坏，他们都希望别人能够肯定自己的努力。对于不能预见的事情，他们会表现出动机不足，对日常生活或者普通的活动缺乏激情。

课上老师组织发言时，竞争型孩子喜欢第一个站起来发言。另外，他们喜欢以老师为中心的课程。

当他们的作业完成得很好或在考试中取得好成绩时，他们的内心希望老师能够当众表扬他们。此外，他们只热衷于学习自己擅长的科目。

所以，竞争型孩子的学习房可以选用能给人带来舒适感与安全感的粉色来装饰。如果孩子不喜欢大面积的粉色，父母可以选用粉色的小物件做点缀。

压力型

压力型孩子会因受到周围的压力而被动地学习，所以他们的外在动力大于内驱力。适当的压力可能对他们有所帮助，但如果压力超过了一定限度，他们就会失去自我调节与自我激励的能力。

而且，如果孩子长期处于压力状态，就会对压力产生钝感，只有受到更大的刺激才能继续做出反应。因此，父母应该帮助孩子减轻外界压力，让孩子养成在没有外界压力的情况下也能自主学习的习惯。压力型孩子喜欢老师在黑板上总结课程要点。比起自由开放式作业，他们更希望老师明确作业要求，限定提交时间。

所以，压力型孩子的学习房可以选用能缓解紧张情绪的绿色和蓝色来装饰。

作为父母，要仔细观察孩子属于哪种学习类型，以便更有针对性地打造出令孩子满意的学习房。

做孩子的"顾问"，而非"经纪人"

孩子还是小婴儿时，父母相当于孩子的整个世界。但是孩子上幼儿园、进入小学，有了社会关系以后，他们与父母的关系就会发生改变。

韩国教育广播公司制作的纪录片《妈妈的大脑里有孩子》中有这样一句话："父母的角色应该随着孩子的成长阶段而改变，即父母应该是孩子的保护者、养育者、教育者、激励者、咨询者、同行者。"换句话说，随着孩子成长阶段的改变，父母的教育方式也要做出相应的改变。

但在现实生活中，很多父母并没有及时转换角色。他们密切地关注着孩子的一举一动，事无巨细地照顾孩子。但要想维持良好的亲子关系，父母就应该做孩子的"顾问"，而非"经纪人"。

那么，"经纪人"与"顾问"有什么区别呢？"经纪人"是照顾孩子的日常起居，所有的细节都要替孩子考虑到位。而"顾问"是负责在孩子需要帮助或建议的时候提供支持。

对于孩子的所言所行，父母最好不要直接给出建议或做出评价，而应耐心等孩子说完自己的想法，帮助孩子搭建独立思考的框架，进而引导孩子做出正确的决定。

父母为什么要成为孩子的"顾问"呢？在前文我们也提到过，影响孩子学习的因素有很多种。其中，父母有决定性影响。大多数孩子从小就跟父母生活在一起，父母不经意间的一句话、一个小的行为，都可能影响到孩子的情绪。试想一下，如果父母是努力的、温暖的、幸福的、充满力量的，那孩子的学习成绩会怎样呢？大概率是不会差的。

假设孩子正在学习房里学习，父母猛地打开房门进行突击检查，确认一下孩子是否在认真学习，那么即使孩子原本学得很投入，也会因为父母的怀疑而变得烦躁、泄气。每个人都会为了相信自己的人而加倍努力，孩子也是如此。孩子即使偶尔开个小差，内心也希望父母能够相信并支持自己。

我们对孩子的期待，会对孩子的表现产生影响。心理学上有个概念叫"罗森塔尔效应"，指的是一个人对另一个人的行为的期望成为另一个人自我实现的预言的现象。该效应源自罗伯特·罗森塔尔与伊迪丝·雅各布森的一个实验。实验的过程是，他们从班级中随机挑选几个学生，告诉他们的老师，这些学生拥有过人的智力水平，极具发展潜能，但要对其他人保密。一段时间后，他们发现这些被随机选中的学生成绩进步很大，且变得十分自信、积极。也就是说，教师对学生形成的期望，会使学生的学习成绩和行为表现向符合该期望的方向发展。请相信"相信"的力量，孩子会成长为你所期待的样子。

如果你对孩子有所期待，就以真诚的态度对待孩子，给予他由衷的赞赏，从而调动他的积极性，让孩子朝着你所期望的方向成长，这份期待很可能会成真。罗森塔尔效应对低年级孩子的影响会更显著。

孩子到了初高中阶段，自我意识开始变强，开始构建自己的世界，这个时期的孩子更希望父母能够尊重自己。在这个阶段，父母不应该是孩子的"经纪人"，替孩子操心生活的方方面面，而应该变成一个"顾问"，相信孩子，用孩子喜欢的方式帮助他，在情感上多多与孩子沟通。

那么，如何才能成为孩子的"顾问"呢？

第一，无论是哪个方面的"顾问"，父母都要有自己的一套方法。这套方法不需要多么复杂，重要的是保持一致性，同时也需要坚持不懈地实践下去。

第二，倾听并尊重孩子的声音。不要陷入"我都是为了你好"的思维模式，不打断或否定孩子的想法，在不同的阶段适时给予孩子恰当的帮助。

第三，设置边界，给予孩子自由去探索和学习的空间和机会，保持关注，及时了解孩子的需求和困惑，给予支持和鼓励。

第四，允许孩子在适当的情况下自己做决定，培养孩子的决策能力。父母要相信孩子有能力处理好自己的事，鼓励他独立思考、解决问题，让孩子自己为自己的行为负责，这样做还能培养他的责任心和自信心。

第五，最好定期与孩子进行情感交流。如果时间不允许，也可以进行间接交流，如每天互相交换手写信或者给孩子一个拥抱，这些都将对孩子有很大帮助。这个过程可以建立孩子与父母之间的信任，让孩子在成长的道路上更加坚定地前进。

噪声型父母 vs 沟通型父母

在养育孩子的过程中，学会与孩子沟通很重要。但是有些父母很难区分什么是沟通、什么是唠叨。有的父母会说"这都是为了你好，怎么会是唠叨"，却不曾想过，自己无意识地对孩子说出的话，其实连自己都不愿听。

而且研究结果表明，比起不被唠叨的孩子，经常被唠叨的孩子变得敏感消极的概率更高。

当然，孩子犯了错，父母不管不问也是不对的。不同类型的教育方法也不同。在这个过程中，父母有可能变成噪声型父母，也可以成为沟通型父母。

跟孩子不断发生冲突的噪声型父母与冷静地通过对话解决问题的沟通型父母有什么不同呢？

当孩子做错事的时候：

"真不知道你这是像谁！"

"你真是让我没法活了！"

"你这样的长大能干什么？"

像这样经常带着情绪跟孩子说话的父母就属于噪声型父母。

沟通型父母懂得对事不对人，在孩子做错事时，就这件事情对孩子进行批评教育后，还会与孩子一起寻找解决方法。在这种教育方式下长大的孩子跟父母沟通也很顺畅，在人际关系出现问题时，他们也不会感情用事，而是会通过沟通去解决问题。

对敏感又多愁善感的孩子而言，父母的大声呵斥会给他们带来严重的伤害，这种言语上的伤害丝毫不亚于体罚带来的痛苦。

　　"你真是丢死人了！"

　　"你怎么这么懒啊！"

　　"怎么跟个傻子似的！"

父母越是频繁地用语言中伤孩子，孩子做出不良行为的可能性就越大。很多父母试图通过大声呵斥来教育孩子，但这样做非但达不到教育的目的，反而会使孩子变得更加消极。哈佛大学医学院精神病学副教授马丁曾与波士顿儿童医院合作，就父母的言语攻击对孩子的长期伤害这一问题进行了大量的研究。他们通过磁共振和弥散张量成像技术分析了曾经遭受过语言暴力的成年人的大脑，发现这些小时候受过语言暴力的人，大脑中的韦尼克区（负责理解口语）和前额叶之间的连接减少了。他们的言语智商只有 112 分，比小时候没有遭受过语言暴力的人的分数（124 分）要低。所以，对孩子大吼大叫真的会让孩子变笨。不仅如此，大吼大叫还会让孩子产生压力。当环境中充满了压力，并且需求常常被剥夺时，人类的大脑为了调整状态适应环境，会转换为"求存模式"。当一个人只能求存的时候，他会变得谨慎、胆怯、吝啬，倾向于讨好他人，躲在角落希望不被人注意，等等。即便成年后生活环境已经出现了极大的改善，他也很难改变自己的思维模式。

所以，要想好好教育孩子，就要试着从噪声型父母转变成沟通型父母。因为比起噪声型父母，沟通型父母更能明智地处理孩子犯错这件事，在纠正孩子的错误行为时，既不会伤害孩子，也不会破坏自己的情绪。阅读下面的小贴士，让自己成为沟通型父母吧。

小贴士

沟通型父母的六大谈话技巧

▼ 先用 30 秒时间调整自己的情绪，默数 1、2、3……10……30。

▼ 不要上来就发一通火，一味发泄情绪是不可取的，需要针对孩子做错的事情进行批评教育。

▼ 批评教育之前，先听孩子说话，确认孩子已经表达完自己的想法。

▼ 向孩子解释自己为什么会批评他。

▼ 语言简洁明了，避免一直重复。

▼ 指出你想让孩子做的事情并以身作则，给孩子做出正确示范。

要做沟通型父母，还要注意自己的声调和表情。美国语言学家艾伯塔·梅瑞宾提出过一个著名的沟通公式：

沟通的总效果 = 7% 的语言 + 38% 的音调 + 55% 的面部表情

因此，父母调整好自己的情绪十分重要。当情绪有些失控时，父母要及时暂停，和孩子先分开，待冷静之后再进行沟通。

在表达自己的观点和感受时，多用"I-message"技巧，这可以很好地帮助父母抑制指责孩子的冲动，平静地表达自己的要求。父母可以套用下面的句式。

"当你……我感到了……；因为……我需要你……"

尽量不带偏见地去描述客观事实，而不是输出自己的情绪、评价孩子的行为，那样根本解决不了问题。

如果在非常生气的情况下，父母没有忍住怒火，真正发完火后，是不是又会忍不住想："这件事值得我发那么大的火吗？"这种自责的情绪也会影响到父母的心理状态，产生恶性循环。所以，如果你以前是噪声型父母，那么从现在开始，试着做一个沟通型父母吧。父母先做出改变，孩子也一定会随之改变。

学习环境指的是对孩子学习产生影响的物理环境（空间布局、硬件设施、环境干扰因素等）与心理环境（无批判的沟通氛围、无条件的相信、对兴趣探索的鼓励等）。优化物理环境，有助于提高孩子的学习效率、培养良好的学习习惯；营造正向心理环境，则能激发孩子的内驱力，推动其从"被动接受"转向"主动探索"。

在做学习环境咨询师的过程中，我们发现学习环境直接影响孩子的注意力表现。现如今，尽管部分父母已经意识到学习环境的重要性，但仍然有很多父母没有给孩子创造良好的学习环境，导致他们没有充分把握成长的关键期。

为了让孩子能够更有效地学习，父母需要给孩子打造一个优质的学习环境。

一个适配的学习环境，既能消除学习阻碍、促使孩子自主学习，又能拓展思维空间、激发探索欲，同时还能为孩子的身心发育与性格塑造提供理想条件。

最后，我向帮助出版本书的 think-book 出版社以及共同撰写本书的其他学习环境咨询师表示衷心的感谢。

真心希望本书能够对家长和孩子都有所帮助。

解锁学习房的秘密

北京科学技术出版社

温情苹果的家

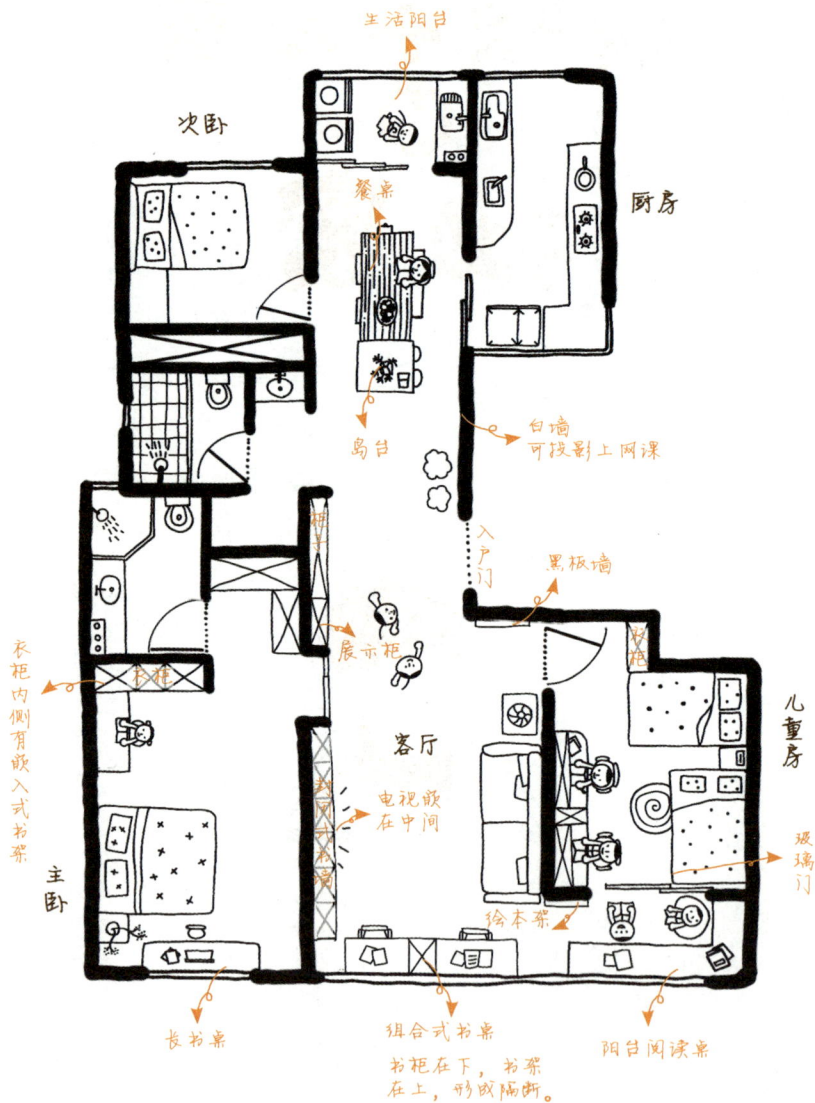

生活阳台

次卧

餐桌

厨房

岛台

白墙
可投影上网课

入户门

黑板墙

展示柜

衣柜内侧有嵌入式书架

客厅

儿童房

电视嵌
在中间

玻璃门

主卧

绘本架

长书桌

组合式书桌

阳台阅读桌

书柜在下，书架
在上，形成隔断。

2

温馨明亮，处处皆可学习

作者：温情苹果

家有两个男宝（小学低年级）

为了给孩子提供一个良好的学习环境，我在装修时秉持着这样的理念：打造温馨明亮的家居环境，让家里的任何一个空间都能成为孩子学习的场所。

我们家住在二楼，采光不是很好。为了有效提高室内亮度，装修时我们确定了以白色为主、原木色为辅的装修基调。另外，为了让"阳光住进家里"，我们大胆舍弃了一间房，将原来的书房改造为餐厅，并打通餐客厅。这一改动不仅扩大了客厅面积，还提升了家里的空气流通性。明亮通透的空间，承载着我们对孩子成长的期许——希望他们在明亮通透的环境里茁壮成长，变得更加阳光开朗。

客厅：多功能学习空间

开放式活动区

打通客厅和南阳台后，客厅的使用面积大大增加了。并且，我们没有放置笨重的茶几，这样无障碍物的空间让两个孩子可以在客厅自由跑跳。

灵活多变的学习区

为了给孩子的学习环境带来新鲜感，除了儿童房的学习桌，我还在客厅设置了可移动的组合式书桌、书架，包括两个桌子（大小类似学校里的书桌）、一个小书架、一个小书柜。使用时，可以拼成方形书桌让孩子面对面学习，也可以拼成长条形书桌让孩子并排学习，当然也可以单独使用。不使用时，可以分散放置在家里各处成为独立学习和阅读角。寒暑假时，我们有时还会将主卧的长书桌移至客厅。此外，我认为电视机不仅是娱乐工具，更是学习的好帮手。相比用手机或电脑上网课，大屏幕观看更加清晰直观，尤其适合观看科普纪录片或在线课程，学习效果更佳。

利于收纳的电视墙

考虑到收纳问题，在电视柜所在的墙面，我做了一整面柜子。电视柜下面一排有五个大抽屉，用来存放孩子的玩具。因为拿取和存放都很方便，孩子也慢慢养成了玩好后收拾整理的习惯。柜子有半开式和封闭式的，都能用来放书，整洁的空间环境更有利于孩子专注地学习。

成长记忆馆

我把客厅里靠近儿童房房门的一面墙壁，用磁吸黑板贴布置成了黑板墙，用来展示孩子的画作、书法或旅游照片。同时，我还在电视墙留出一组展示柜，存放孩子的奖杯、自制积木作品等，以此支持和鼓励孩子。我觉得把他们努力完成的作品收在看不到的柜子里实在有些可惜。

阳台：阅读角的打造

在南阳台，我定制了一组高 70 厘米、深 30 厘米的双层 L 型书柜，为孩子布置成阳光阅读角，扩展了学习区域。还在阅读角的空白墙壁上悬挂了与孩子视线齐平的绘本架。为了方便孩子阅读书籍，我还放置了轻便的儿童沙发。这是一个看书发呆的好地方，孩子写作业累了可以来这里看看窗外，放松心情。

儿童房：兄弟俩的学习基地

绿色是很有生命力的色调，于是我把儿童房的一面墙刷成了绿色。儿童房面积约 12.5 平方米，虽然不大，但功能齐全。我们用两张小床取代了上下铺，选择了双人书桌。书桌上层带门的柜子可以收纳不常用的学习物品，还做了一层开放格，墙上安装了洞洞板，这样桌面空间不会凌乱，孩子更容易集中注意力学习。此外，我们还放置了一个小衣柜，用于收纳小孩们当季的衣服。

因为孩子们还小，难免有时需要分开到其他房间睡，所以我在其他两个卧室也放置了书桌，在角落里放了一些书，营造出学习的氛围。

餐厅：飘着饭香的自习室

我们家的餐厅和客厅相连，整体空间比较狭长，餐厅区域餐椅拉开后空间略显紧凑。餐厅、厨房及北面的生活阳台是我每天经常活动的地方。餐桌不仅可以用来吃饭，很多时候，我们一家人还会围坐在餐桌旁聊天、看书和学习，这样我们可以给孩子多一些的陪伴。岛台不仅是餐桌的延伸，还可以用来储物，我给岛台做了大的储物柜和抽屉，用于存放许多厨房放不下的锅具及不想放在餐桌上的零碎物品。这也是保持餐桌整洁的小秘密。孩子们有时也会在这里上网课，岛台正对的整面白墙，常用来投影。

当妈第九年，我才明白最好的教育不是牺牲自己，而是在书页翻动声中，与孩子共同成长。这种灵活多变的学习场景，不仅让空间更自由，也让孩子成长的节奏更自然。相比孩子以前在出租房时学习的混乱景象，我真切地感受到孩子学习自主性的提高。环境的改变正在悄然塑造孩子的学习习惯。孩子的专注与自律，正在这些无声的日常中悄然生根。

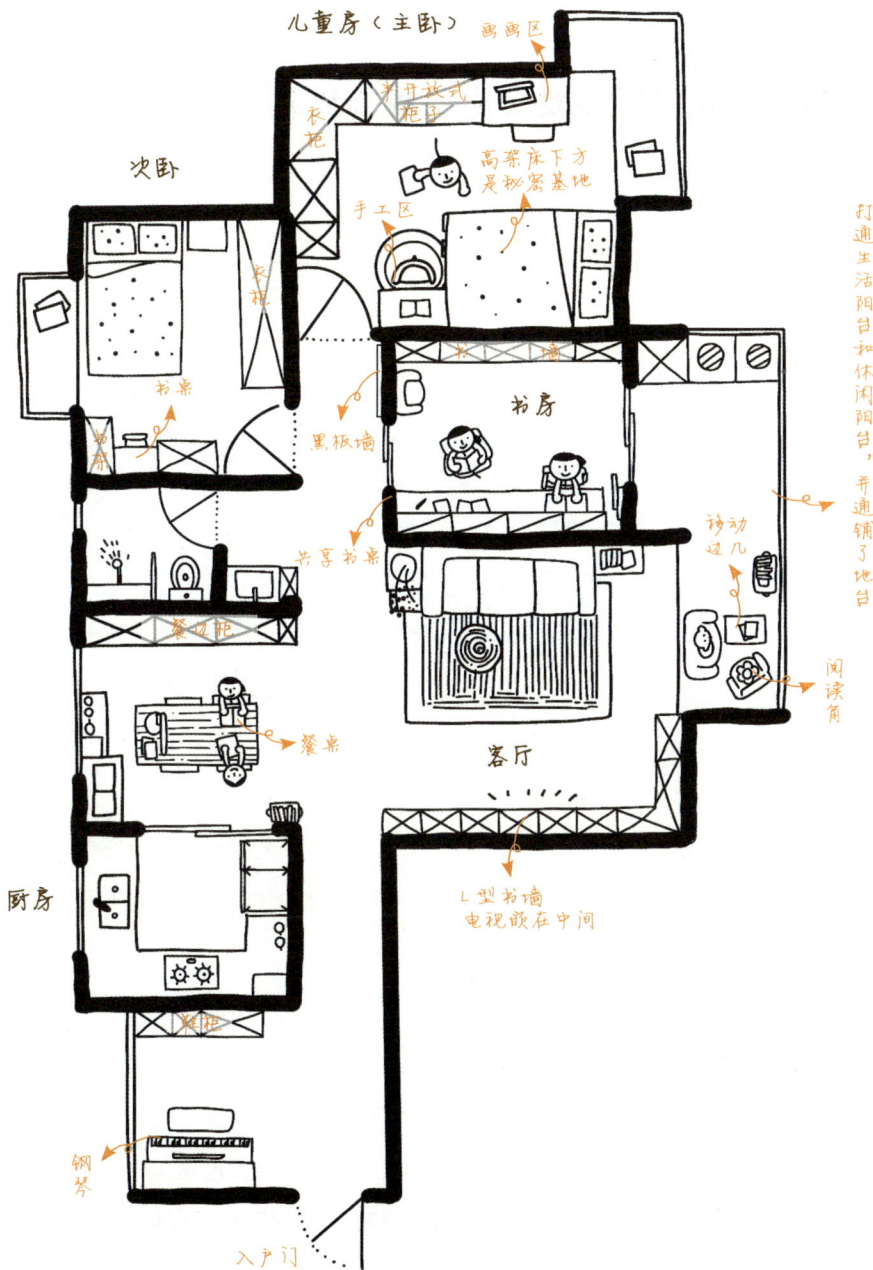

鹿大喵的家

儿童房（主卧）

画画区

开放式
柜子

衣
柜

次卧

手工区

高架床下方
是秘密基地

衣柜

打通生活阳台和休闲阳台，并通铺了地台

书桌

黑板墙

书房

共享书桌

珍动儿

餐边阳

阅读角

餐桌

客厅

厨房

L型书墙
电视藏在中间

钢琴

入户门

7

用原木风打造温暖实用的成长空间

作者：鹿大喵

家有女宝（小学低年级）

在我家的房子改造之前，我就明确了装修目标：我希望它是一个温馨、有回忆的地方，一个能带给家人松弛感和安全感的家，一个让人想回家的地方。因此，我选择了日式原木风作为设计主题。原木的材质散发着大自然的气息，温暖的色调营造出质朴的烟火气息。浅木色的墙面、原木家具的自然纹理，就像给家披上了柔软的毛衣，令人进门就能感受到踏实的拥抱，抚慰一天的疲惫。

在原木风给人温柔、舒适的特质上，我进行了适当的搭配和规划，让整个家变成了集学习属性、共享属性、娱乐属性和收纳属性四位于一体的综合空间。

学习空间：随时都能读书写字

家有小学生，所以家里空间的学习属性是必需的。但是我并不想把家打造成一个严肃的场所，而是希望通过学习场景的设计、家具的布置，营造一个让孩子自由探索和交流的场域，让孩子随时随地都可以学习。为了实现这个目标，书墙和书桌是我的最大利器。

1. 家里的"书森林"

我们家有两面书墙。客厅的 L 型书墙摆满了我的书，书房直排书墙都是女儿的书。每面书墙下放着懒人沙发或坐垫，方便我们随手就能拿起书看。

除了两面书墙之外，我还在其他房间的合适位置，放置了小型的书架。这种随时随地都可以开启阅读的设计，完全满足了我的阅读爱好，同时也让我的女儿在无形中感受到书的气息，激发了她对书籍的好奇，不知不觉中养成了阅读的习惯。

2. 自带探索属性的桌子

我一直觉得桌子是一个自带探索属性的物品，任何一个空间一旦出现了一张桌子，就好像是在提示你："嘿，那里有个桌子，你可以去做点什么。"所以，我给家里的很多房间都放置了桌子。

餐厅里的多功能餐桌：2 米长的实木大桌，白天当餐桌，晚上变书桌。女儿冬天放学后，最爱坐在这儿写作业，因为抬头就能看见在厨房忙碌的我。她很享受有妈妈陪伴的感觉。这是我们互动最多的地方，我们会在这里一起捏黏土、拼乐高。

客厅里的移动边几：我在客厅放置了带轮的边几，这是我们家里灵活性最好的桌子，可以跟着女儿满屋"跑"。在阳台画画、泡脚时看书、看纪录片，这个小桌子就是她的"学习跟班"。

书房里的超长双人桌：在书房里，我们家空间的共享属性体现得淋漓尽致。书房一进门就是我和女儿的共享书桌。书桌长 3 米，左边是我的工作区，右边是孩子的学习区。我们是母女，也是学习伙伴。很多个夏天的晚上,我们都在这里度过。台灯照着我们俩,笔尖沙沙声里都是陪伴的温度。

儿童乐园:属于孩子的"王国"

为了满足女儿的各种需求,我把家里的主卧变成了儿童房,并且在这里给她安排了三个功能区:手工区、画画区和床下秘密基地。这里纯粹是属于女儿的王国,也是我们家娱乐属性表现得最突出的地方。

1. 手工小站: 手工区安排在进门右手边的 1 平方米空地。因为不想一进门就是个桌子遮挡视线,所以我选择了矮桌,并且配了一个儿童沙发。桌子上方的墙面用洞洞板制作了整整一排的手工材料收纳区,毛线、小棍子、纽扣、火漆、黏土、果冻蜡,应有尽有,满足女儿的手工自由。

2. 阳光"画室": 衣柜旁的窗边书桌,摆着女儿的各种画笔和画本。坐在这里,晴天时能感受阳光洒在画纸上,雨天能听见雨点敲打玻璃的声音。

3. 秘密基地: 在高架床下方的空间里,挂着星星灯和厚布帘,这里是女儿的安全"堡垒"。床底靠墙是一整排的玩具收纳,墙面有一些挂画装饰,都是女儿自己选的。秘密基地的墙上挂了一块软木板,贴着女儿和同学的"秘密计划"。

收纳秘诀:随手整理不费劲

家里环境保持整洁和清爽是十分重要的,也是因为有这么个小"神兽"在,所以我们家里到处都充满了我的收纳巧思。我们家的餐边柜、衣柜、阳台柜和书柜，全部都是按最大面积做的，基本上家里有墙的地方都做满了柜子，所以大件的物品是完全不用担心放不下的。除此之外，我还根据女儿的学习、娱乐习惯和平时的活动路线，给她随处安排了很多收纳空间。比如，餐桌下窄窄的用来放学习用品的小推车、书桌下和餐柜下面用来放书包的可移动收纳篮、阳台沙发边的玩具收纳箱，以及随处可见的小篮子。这样做可以让孩子知道每件东西都有属于自己的"家"，渐渐形成自己的秩序感，养成随手收纳的好习惯。

家的温度：给孩子留下美好的童年记忆

我们在这个家里拥有太多的温暖时刻：餐桌边的作业辅导，书房里的母女夜读，秘密基地里的咯咯笑声……书页的沙沙声和厨房的炒菜声交织在一起，阳光在木地板上"画出"光斑，这些都是我最想留给孩子的童年美好记忆。孩子在家里既要遵守一定的规则又不失探索的自由，既能专注学习又能痛快玩耍，是她永远期待回来的地方。

小冬cc的家

可折叠沙发床
打造的睡前阅读角

卫生间

长辈房间

主卧

小书桌

妈妈专属的阳台书房

玻璃隔断

矮书架

超薄书架

儿童房

懒人沙发
（窝秘阅读角）

移动书架

客厅

满墙书架

小桌子

大书桌

超薄书架

冰箱

黑板墙

镜子

入户门

电视

开放式厨房

升降书桌

小书

高架床
下方收纳了孩子的玩具

12

打造多功能学习型家庭空间

作者：小岑 CC

家有男宝（小学低年级）

这个家的装修，早在孩子还在我腹中时便已开启。鉴于孩子成长过程中的动态变化，从房间布局规划到空间利用的调整，一开始我们就做了周全细致的筹备。我们的房子是一套 4 室 2 厅 1 厨 1 卫的小户型，客厅开间宽 3.9 米。客厅、餐厅连贯起来，纵向长度为 6 米。受制于户型特点，其余 4 个房间面积相对有限。因此，我们将装修的重心聚焦于客厅和书房，力求满足全家人的日常所需。

客厅：多功能核心区域

满墙书架：家庭图书馆的核心

客厅的满墙书架是我们家最重要的设计之一。它不仅承担着收纳书籍的功能，还展示着爸爸收藏的玩具手办。在不断变化的家居环境中，它是客厅里唯一一件始终如一的家具，而其他家居用品则会依据孩子的成长阶段及时更新。

- ⊙ 3 岁前：孩子喜欢在客厅里奔跑玩耍，铺上一张地垫，甚至搭个帐篷，给孩子一个自由探索的空间。

- ⊙ 幼儿园阶段：我们增加了一张画板和矮学习桌，孩子可以在这里涂鸦、搭积木，培养动手能力和创造力。

- ⊙ 小学阶段：随着孩子长高，我们换了一张大书桌，为他提供一个更舒适的阅读和学习环境。

客厅里有了满墙书架，似乎就变成了一间大大的书房。书柜里装满书籍，孩子从小就被书包围着，阅读自然而然成了他的兴趣爱好。在我们家，玩具收纳于儿童房，而书籍则陈列在客厅。孩子 1 岁多便开启了每日阅读的习惯，阅读已然成为他最大的兴趣爱好。

无处不在的阅读角

在我们家，舒适的阅读角无处不在。客厅的满墙书架搭配懒人沙发和三人沙发，营造了一个惬意的阅读空间；主卧里，折叠沙发床变成了睡前阅读角，旁边的书桌则是我专注学习的地方；过道处设置了超薄书架，方便随手取阅书籍；儿童房更是孩子的阅读天地。我觉得这些方便取书的设计和舒适的阅读环境，潜移默化地帮助孩子养成了良好的阅读习惯。

客厅无电视设计：专注阅读与亲子互动

客厅设置满墙书架且未安装电视，我认为这是我们家装修时最为明智的决策之一。考虑到偶尔来居住的长辈的生活习惯，我把电视安装在长辈的房间。孩子从小在书籍和玩具的陪伴中长大，阅读习惯的养成也就水到渠成。

书柜设计的细节

在设计满墙书架时，我们预留了多个插座，方便使用投影仪、音响、落地灯等设备。为提升展示空间的美观度，我在柜格里安装了灯带和玻璃门，兼具实用性与观赏性。

书房（琴房）：独立的工作与学习空间

由于我身为钢琴老师，所以家中需要设置一个钢琴角；而爸爸作为工程师兼手工爱好者，需要一张工作台及展示空间。于是，在我们家仅有 5 平米的小书房里，一侧打造为我和孩子的钢琴角，另一侧则是爸爸专属的工作台（升降书桌）。爸爸每天下班较晚，我们基本上能够实现错峰使用，互不干扰。即便有时候我们同时使用书房，也能和谐共处。如果说客厅是家人共享的公共空间，那么书房（琴房）则是家中相对独立的私密空间。当家人需要安静思考时，便可在此不受外界打扰。

儿童房：从玩具屋到学习区的演变

随着孩子逐渐长大，儿童房在家中的重要性日益凸显。孩子小时候，这里是他尽情玩耍的玩具屋；稍大一些，便成为他的专属卧室。孩子上小学后，儿童房又增添了学习区，功能愈发丰富。如今，孩子每日在自己的房间里安心做作业，独立安静的空间有助于他养成良好的学习习惯。

我把儿童房的墙壁刷成了浅蓝色，营造出宁静的氛围，助力孩子快速进入专注状态。学习区设置在朝阳的落地窗边，充分利用自然光线。为避免阳光过于刺眼，安装了百叶窗，通过调节叶片角度，可灵活控制光线强弱，确保孩子在舒适的环境中学习。

阳台书房：我的专属私密空间

客厅的阳台被我改造成了阳台书房，成为我在家办公的理想之地。白天，这里是我的专属空间；夜晚，它又成为陪伴孩子学习的"邻居"。阳台书房与儿童房的书桌仅隔一扇玻璃窗，孩子可以选择关闭百叶窗以保持独立，或打开窗户与我互动。当然，我也能悄悄观察孩子是否在认真写作业，而不被他察觉。

学习空间的细节设计

在我们这个小家里，一共有 5 张书桌和 7 个阅读学习空间，确保每个家庭成员都能随时随地找到适合学习和阅读的地方。

- 客厅中央的电动升降大书桌（1.4 米 ×0.7 米），适合全家使用：孩子身高 1.3 米时，书桌可调至 70 厘米高；大人使用时，坐姿调至 80 厘米高，站姿调至 120 厘米高。
- 懒人沙发夹在小书柜和沙发之间，成了孩子最喜欢的"秘密阅读角"。
- 小书房里的电动升降桌（1.2 米 ×0.6 米），能帮助使用者缓解颈椎疲劳。
- 儿童房的学习桌（1.2 米 ×0.6 米），手动升降设计可根据孩子身高调节桌子高度，搭配护脊学习椅，保护脊椎健康。
- 阳台书房电动升降书桌（1.4 米 ×0.7 米）所在的区域，是我的专属空间。
- 主卧里的小书桌（1 米 ×0.5 米）和沙发阅读角，是孩子经常在睡前和我们一起看书的地方。

教育于无形：让学习变成习惯

如此多的书桌和阅读空间，让家中随时随地都洋溢着学习氛围。我一直认为教育应融入日常生活，学习应该是平常且有趣的事。比起天天告诫孩子要努力学习，不如帮他养成良好的生活、学习习惯，且松弛有序。

在家中其他地方，也有我很多小巧思：

- ⊙ 卫生间：设置了立体地图的挡帘，既遮住杂物，又增添知识趣味性。
- ⊙ 冰箱：用磁吸收纳袋放书，并贴了磁力地图拼图。每天早饭时，我会念《每日小古文》给孩子听，把当天要读的书吸在冰箱上，方便孩子随手拿来阅读。
- ⊙ 餐桌对面：布置了一面磁吸黑板墙，上面贴着英语单词和古诗。吃完晚饭后，孩子可以站在这里读读诗、消消食。

"路都得自己走，孩子也要拥有自己的故事。"成长是孩子一个人的事，而我能做的，是在"小树苗"的萌芽阶段，帮助"它"长出可以不断吸取养分的发达根系。在这个过程中，我慢慢学着退后一步，给予孩子足够的信任与自由。

这个家，不仅是孩子的避风港，更是孩子探索世界的起点。在这里，孩子可以自在地翻动书页，追逐阳光，编织属于自己的故事。满墙的书架、随处可见的阅读角、磁吸黑板墙上的每日小诗，这些看似细微的安排，都是我对孩子默默的支持。通过灵活的设计和细节的考虑，我希望让孩子在潜移默化中感受到：学习不是任务，而是生活的一部分。

书架尺寸全攻略

随着孩子学习需求的不断增长，需要阅读的书籍数量也在悄然攀升，这让我积累了很多书架的使用经验。以下是我对不同尺寸书架的一些使用心得，希望能为大家提供参考：

- ⊙ **满墙书架**：深度 35 厘米，高度 30 ~ 40 厘米（每格不同），宽度有 46 厘米、50 厘米、80 厘米三个尺寸。这个深度的柜子是多功能尺寸，既能放书，又能展示物品或收纳其他杂物。如果你想打造一个不仅仅是放书的书柜，这个尺寸完全够用。

- ⊙ **超薄书架**：深度 15.5 厘米，层高 24 厘米，宽度 80 厘米。这样的书架能放下市面上大部分小开本图书。如果家里过道宽度有限，且主要想存放小开本图书，这款书柜非常推荐。

- ⊙ **宜家毕利书架**：深度 26 厘米，层高可调节，宽度 80 厘米。这个书架的深度是最适合放书的尺寸。如果书架只用来放书，选择它准没错，无论是大书还是小书都能轻松容纳。层板可调节的设计还能提升空间利用率。

- ⊙ **隐形书架**：底板 A4 大小，高度 174cm，适合放置任何尺寸的图书，拿取方便且不易落灰。

- ⊙ **矮书架**：对于儿童房，矮书架是理想的选择。它高度适中，孩子可以轻松拿取图书，同时避免因书架过高而发生危险。矮书架旁边还可以搭配坐垫或小沙发，打造一个舒适的儿童阅读角。

- ⊙ **移动书架**：移动书架适合需要频繁调整空间布局的家庭。它可以轻松推到客厅、卧室或阳台，满足不同场景的阅读需求。建议选择带有刹车功能的轮子，确保书架在固定位置时不会滑动。

总结

1. 深度选择:

15.5 厘米: 适合小开本图书;

26 厘米: 适合各种尺寸的图书;

35 厘米: 多功能尺寸, 适合放书、展示和收纳。

2. 高度选择: 首选可调节层高, 其次 30 厘米左右的高度也较为合适。

3. 宽度选择: 考虑到承重, 放书的宽度不要超过 80 厘米。60 厘米、80 厘米或两组 40 厘米的组合都是不错的选择。

通过合理选择和搭配不同尺寸的书架, 我们不仅能有效收纳图书, 还能为家庭营造浓厚的学习氛围。希望这些经验能帮助大家找到最适合自己家的书架解决方案!

神花家1986的家

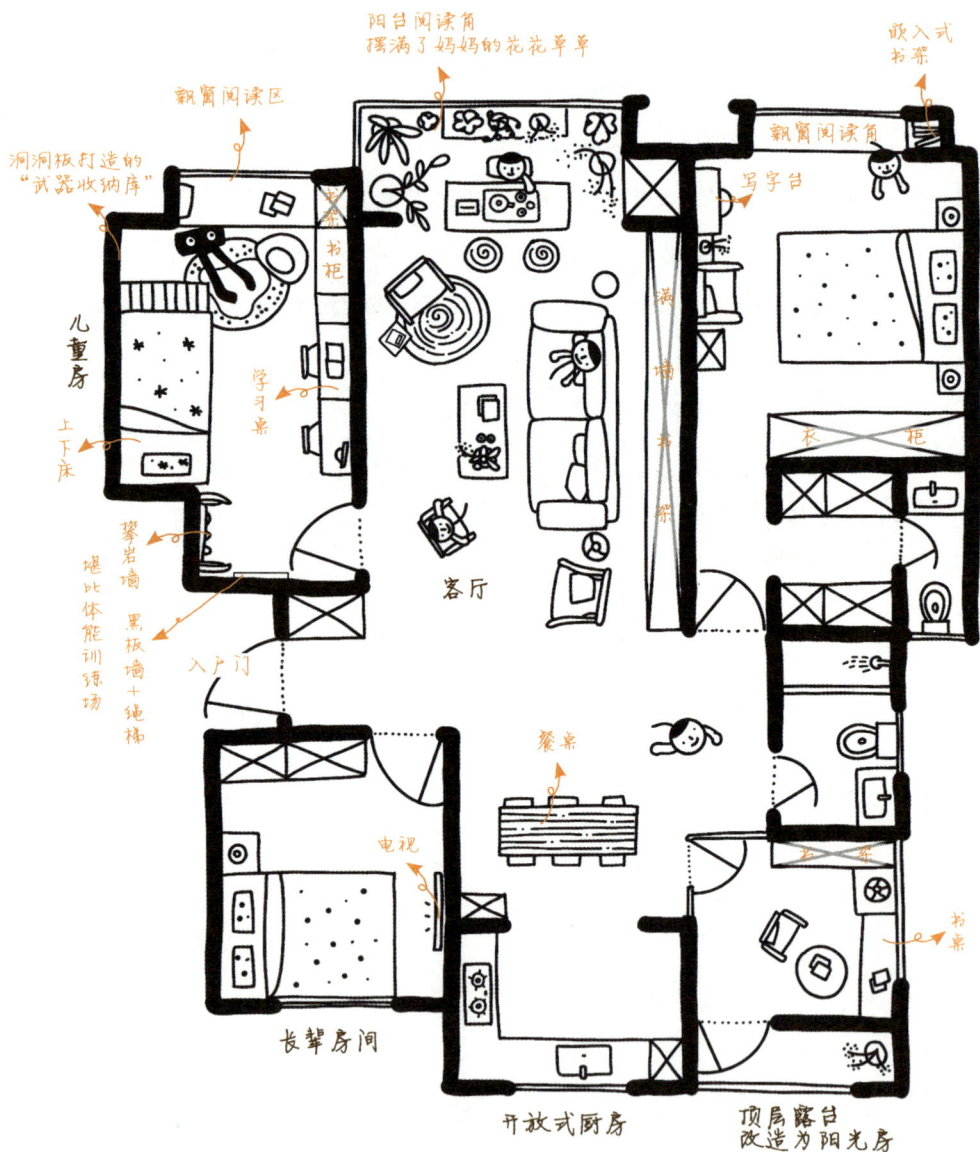

阳台阅读角
摆满了妈妈的花花草草

亲密阅读区

顿入式
书架

洞洞板打造的
"武器收纳库"

亲密阅读角

写字台

主卧

儿童房

上下床

学习桌

书柜

衣柜

攀岩墙 黑板墙+绳梯

堪比体能训练场

入户门

客厅

餐桌

电视

书桌

长辈房间

开放式厨房

顶层露台
改造为阳光房

20

家的温度：阅读空间的诗意营造

作者：种花家 1986

家有两个男宝（小学低年级）

于我而言，家是心灵的归属，是温暖的港湾，是这纷繁复杂的世界里只要一想起便会涌起无尽依赖与眷恋的所在。很久以前，我就憧憬着，等有能力换大房子时，定要精心装修一番。我想为孩子打造一个游乐场般的欢乐空间，让他们尽情地奔跑；为先生打造一整面墙的书架，满足他对知识的热忱；为自己打造一个小花园，种满绚烂缤纷的花，让生活时刻弥漫着馥郁芬芳。终于，在 2019 年，我们迎来了新家的装修，我迫不及待地想要亲手设计每一处细节，让它蜕变成为我期待中的模样。

一、满墙书架的设计

我的第一个重要决定，便是亲自设计打造一个顶天立地的满墙书架。之所以如此笃定，主要源于以下三点原因。

1. 我家有两个处于学龄期的孩子，我希望营造一个能够培养孩子自主阅读习惯的家居环境，让孩子从小沉浸在书香氛围之中。

2. 我的先生酷好读书，以往他的书只能堆积在箱子里，或零散地摆在角落里，每次找寻都耗时费力，整理起来也极为不便。

3. 市面上的成品书架难以容纳我们家如此多的书。

我家在顶层，客厅是一个斜屋顶，这是在原有斜顶基础上用石膏板精心打造而成的。如果书架顶部不能与屋顶斜面契合，那视觉效果会大打折扣。于是，我请木工师傅依照我的手绘图纸，现场打造书架。

满墙书架在入户门对面的沙发背景墙处，与墙体同宽，长达5.7米，最高点达3.7米。材质选用性价比高的欧松板，这种木材平整度高、承重力强，且相较实木更为经济实惠。满墙书架共有九层六列，相关尺寸数据如下：

- 除最下面一层和自下往上数第四层的层高做了特别调整外，其余层高均为30厘米。

- 最下面一层净高40厘米，用来放置画册、年鉴、杂志等大开本的图书。

- 自下往上数第四层，距离地面1.2米，这个高度拿取物品比较便捷，无需弯腰或高举。层高设为35厘米，用于放置音箱、投影仪等小电器和摆件等。

- 满墙书架的进深是26厘米。这是个极为实用的尺寸，既能轻松容纳大多数开本的图书，又能完美适配市面上各类文件夹和收纳盒。相较很多图书馆书架30～40厘米的进深，我们的书架大大节省了空间，也有效降低了书架上杂物堆积的可能性。

- 横板厚度4厘米，竖板厚度6厘米，每列跨度（净宽）88厘米，基于这样的板材厚度，书架不会出现承重不足和层板压弯的问题。

- 在距离地面2.3米的位置，我安装了轨道扶梯，如此一来，拿取高层图书便轻松自如，落灰问题也迎刃而解，日常随手打扫即可。这样的设计对孩子们而言，每次取放图书宛如爬一个趣味十足的攀爬架，他们喜爱不已。

⊙ 美中不足的是，插座全部预留在了底层侧板，这几乎成了我最后悔的装修决定。因为距地面 1.2 米高度的第四层书架上放置了投影仪和音箱，插线只能走明线，明晃晃地垂到最下面，既不美观又显杂乱。插线长度不够时，还需使用接线板。所以，倘若大家也有打造书墙的计划，最好提前依据小电器的摆放位置预留好合适的线位。

在摆放书本时，我特意在下三层"安插"了儿童绘本。孩子拿书就像开盲盒一般充满随机性。尤其当他们抽到"武器大全""昆虫百科"等感兴趣的主题的绘本时，他们会兴奋得尖叫，然后手舞足蹈地相互炫耀，再围坐在一起叽叽喳喳地翻阅。

装修好新家刚入住时，我家哥哥四岁，弟弟还不到一岁，这面书墙在他们眼中只是个巨大的存在，层层排列整齐的书本与其他家居并无二致。随着他们渐渐长大，底层的书本明显磨损变旧，他们的关注点也从图案为主的书逐渐转移到文字多的书。弟弟会拿着画纸趴在书架上，照着书脊上的书名"画字"。很多次我在做饭时，弟弟会特地拿着他"画"的新字跑来问我："这个字念什么？""这个字是什么意思？"也是从那时起，我才惊喜地发现这面书墙蕴含的长远意义。

二、多功能儿童房的设计

娱乐学习两不误

我家儿童房面积为 15 平方米。为了在有限的空间里为孩子们打造一个既能学习又能玩耍的天地。

休息娱乐区

一打开房门，便是孩子们的"活力天地"。这里配备了磁吸黑板墙、攀岩墙、绳梯等设施，满足孩子好动的天性。上下床的设计大大节省了空间。此外，在床的另一侧，利用洞洞板和置物架打造了一个"武器收纳库"。这个区域充满童趣，是孩子们释放能量的乐园。

学习区

学习区位于房门右侧，采用高效利用空间的设计。两套书桌椅和兼具收纳功能的小书柜整齐排列。书桌采用壁挂式设计，与上方置物架组合，既释放了地面空间，又让学习环境整洁有序。书桌下方还配置了三个抽屉，方便存放文具和学习用品。

飘窗阅读区

学习区旁边便是儿童房里的飘窗阅读区。飘窗一角内嵌六层高书架，用来放置儿童绘本，这是儿童房阅读区的核心装置。秋千、躺椅与地垫的配置，让孩子们的阅读变得随性而有趣。孩子们或躺或趴，随时沉浸在绘本的世界里。

现代化学习工具：提升专注力与学习兴趣

投屏学习：提升专注力的好方法

我会定期为孩子们筛选启蒙动画、科普视频、英语原声动画、外文艺术片等优质视听资源，将其投屏至护眼屏幕，通过大屏幕的视觉冲击提升孩子的专注力。

电子绘画：从创作到应用，成就感满满

我还会将孩子们的手绘作品拍照上传至设计软件，体验电子绘画二次创作的乐趣，甚至可以将这些作品变成抱枕、贴纸、冰箱贴等家具装饰品。当孩子们看到自己随手画的画与现实中的产品相结合时会成就感满满。这不仅激发了孩子们的学习兴趣，也让他们在不知不觉中掌握了新的实用技能。

三、家中阅读角落的设计

为了在家中为孩子营造更多适合阅读的小空间，我尽可能增加家中的阅读角落，让阅读成为生活中不可或缺的一部分。

阳台阅读角

我在阳台种满了各色绿植和花卉，安装了百叶窗，打造了一个充满自然气息的阅读区。靠近封闭式阳台的地方，我放置了一张沙发椅和一个小茶台，旁边还配有一个低矮的小书柜。阳光透过百叶窗洒在绿植与花卉间，沉浸在植物的生机与光影的变幻之中阅读时，会让人的幸福感油然而生。这里有一个人独处时的宁静，也有与家人共享时的温馨。

主卧飘窗阅读角

我的卧室整体色调以白、棕为主。我按照个人习惯安置了单人沙发和写字台，在写字台旁放了落地灯，营造一种温馨的阅读氛围。另外，我在飘窗的一角做了嵌入式书架，既整洁美观，又不影响使用。

墙角私密阅读角

我将家里仅 1 平方米的墙角，巧妙改造成了一个小而温馨的阅读角。在这个小小的空间里，我摆上了一张舒适的沙发椅和一个小边几。为了让它更具温馨氛围，我还添加了柔软的毯子，布置了温暖的照明。尽管空间有限，但这里充满了宁静与舒适。

餐厨阅读角

我们家的餐厨一体空间虽然只有 6 平方米，但我们通过打掉旁边阳光房的墙壁，换上玻璃门，使整个空间显得格外明亮。孩子们也会在餐桌上学习，这里的明亮与开放感让他们感到轻松温暖。

通过这些小空间的布置，我希望每个家庭成员都能在家中找到属于自己的小角落。无论是在阳台的绿意中，还是在墙角的灯光下，阅读都让生活充满温度。读书是生活的一部分，在这样的环境中，阅读不会是变成被迫的任务，而会成为一种习惯。

日本教育家西村泽康曾说："想知道一个学生的成绩好坏，当看到他家的客厅时就知道了。"环境对一个人的影响，远比我们想象中更为深远。然而，现实中人们常常陷入误区，过于执着于形式化的方法，却忽视了环境的作用。

我始终认为，教育的本质在于激发孩子的内在动力，而非强制性的外在约束。环境是最好的老师。它无需说教，却能通过每一个细节，悄然塑造孩子的习惯与品格，给孩子带来潜移默化的影响。另外，我比较在意习惯养成过程中孩子的体验和感受。孩子们活泼好动，天性好奇，难以接受刻板的学习模式。而我自己也是一个随性自在的人，不喜欢规规矩矩地长时间停留在固定地点学习。因此，我打造了这个适合我们全家人的舒适、温馨、有趣、随性的居家学习环境。

清华蜗爸的家

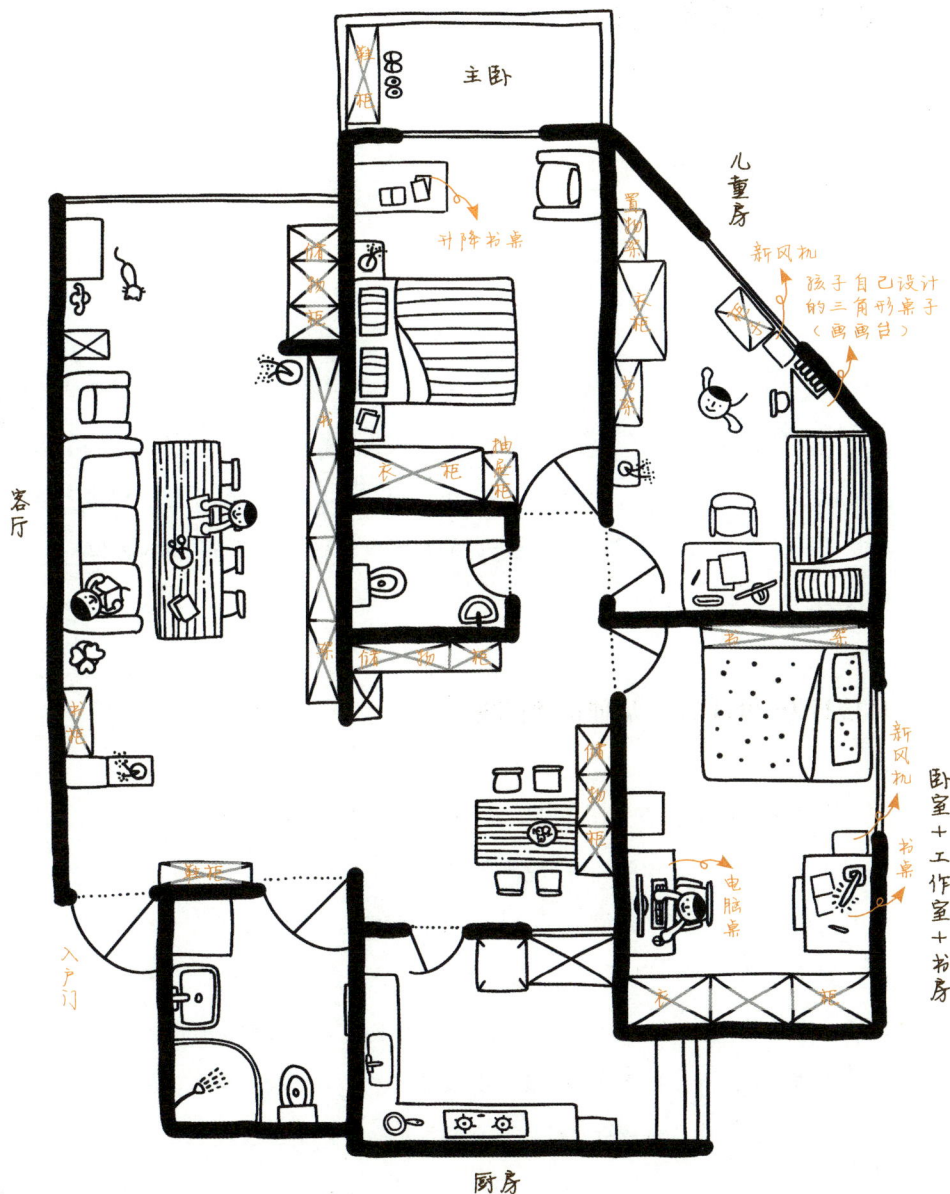

主卧

鞋柜

儿童房

新风机

计降书桌

孩子自己设计
的三角形桌子
（画画台）

置物柜

客厅

抽屉柜

书桌

卧室＋工作室＋书房

新风机

书桌

电脑桌

书柜

入户门

厨房

空间可以重塑生活

作者：清华蜗爸

家有男宝（小学高年级）

我家的客厅环境一成不变很多年，有一天我鼓起勇气对它进行了一次彻底改造，将它变成了一个集家庭图书馆、画室、游戏室、乒乓球室和健身房于一体的多功能空间。站在改造后的客厅里，我不禁感慨：真应该早点这么做！

环境行为学的启示：从理论到实践

在清华建筑学院读书时，我曾学习过一门名为《环境行为学概论》的课程，它让我深刻认识到环境对人的行为的影响。后来有了孩子，我愈发觉得，孩子爱不爱读书，很大程度上取决于家庭环境的引导。

如果家长在客厅里看电视、刷手机，孩子自然会模仿；而如果家长在客厅里读书、学习，孩子也会受到影响。我们家特别注重家长的示范作用。改造后的客厅，成了我们一家人共同成长的地方。我们带着孩子一起看书、运动或工作，既树立了榜样，又增进了亲子关系。

多功能客厅改造三部曲

从电视墙到家庭图书馆

我家原先的客厅电视使用率极低，每年仅在看春晚时才会开启。随着藏书量的增加，旧书柜已无法满足需求。我果断拆除了整面电视墙，换成了4组黑色钢制书架（总长4米，高2.4米），并亲手完成安装。书架不仅提升了空间的收纳能力，还让客厅瞬间变身为小型图书馆。

我们还舍弃了笨重的茶几，换成了两张拼接桌子（0.8米×1.2米），提供了超大的桌面空间。孩子可以随时取书阅读，或在桌前画画、做手工，甚至邀请小伙伴来玩桌游。这种设计格外宽敞方便，让学习与娱乐无缝衔接，同时也成为了我做设计画草图的理想之地。

光环境再造

为了打造客厅舒适的阅读环境，我在原有吸顶灯的基础上增加了一盏护眼灯。护眼灯为我们提供的接近自然光的光线明亮而柔和。孩子在这里写作业，我在这里设计草图，全家人都享受这种静谧的时光。

运动模块植入

改造后的客厅还兼具乒乓球室和健身房的功能。一个可拆卸的球网让长桌秒变乒乓球台，虽然不是专业的标准台，但用来运动放松绰绰有余。我在阳台上还放置了椭圆仪，方便一家人随时健身。运动与学习的结合，让家庭生活更加丰富多彩。

我的独处空间：卧室+工作室+书房

我平时工作除了电脑绘图，还需要手画草图，所以需要一个相对安静的空间。因此，我将主卧改造成了"卧室＋工作室＋书房"。进门处的书架、贴着书架摆放的双人床，还有房间内侧一边一个的桌子（电脑桌＋大书桌），完美满足了我的需求。另外，为了满足收纳的功能，靠里面的墙我摆放了三组"顶天立地"的衣柜。

儿童房里孩子的奇思妙想

儿童房除了满足睡眠休息的功能，还兼顾了书房的功能。书架上摆满孩子爱看的书，还点缀着心爱的玩具，满是童趣。最特别的，是那张三角形桌子，那是孩子自己设计的。这个三角形桌子所在的区域以前总堆着杂物，孩子却觉得可以放张画画用的桌子。他跟我说完他的想法，我眼前顿时一亮。

我们进行了仔细测量。因为有个暖气片，还得考虑给暖气片留出空间。量好后，我在电脑上画好图，并在网上找厂家定做了这张桌子。桌子到货装好后，严丝合缝，孩子特别开心。这个房间，成了他温暖的小窝。

通过这次改造，我真切感受到，空间不仅是生活的容器，更是行为的塑造者。客厅的多功能设计，让阅读、运动、学习融为一体；儿童房的巧妙布局，让孩子的创造力有了生根发芽的地方。每一处细节，都在无声地影响着孩子。

空间不需要奢华，但需要用心。一面书墙，能让孩子在书的海洋中找到归属感；一盏柔光，能让孩子在阅读时感到温暖；一张特制的书桌，能让孩子在创作时感受到被尊重。希望我的经验能为大家带来一点启发。或许，正是这些看似微不足道的改变，能让孩子在潜移默化中爱上阅读、爱上探索。

如何让孩子爱上阅读：从娱乐到学习的自然过渡

仅仅改造物理环境还不够，想要让孩子爱上阅读，关键在于把阅读培养成一种娱乐休闲活动，让孩子为了"高兴"而阅读。让孩子明白，阅读首先带来的是快乐，而从阅读中学习，是一个自然而然、几乎无需费力的附加作用。在这个过程中，家长的引导起着不可或缺的作用。

⊙ **家长示范：以身作则胜过千言万语**

家长的行为是孩子最好的榜样。家长自己首先每天抽出 10 分钟静心阅读，比任何说教都更有说服力。

⊙ **兴趣引导：从孩子的好奇心出发**

要善于发现孩子的兴趣点，顺势启动阅读。例如，可以通过看电影、听有声书等方式激发孩子的兴趣。我带孩子看电影《查理和巧克力工厂》后，顺势引导他阅读原著；讲心理学经典实验时，引导他阅读相关图书；听历史故事后，开启历史类图书阅读之旅；看西游记漫画，激发了他对《西游记》原著的阅读热情。

⊙ **亲子聊书：从"读"到"思"的深度对话**

通过聊天加深孩子的阅读兴趣，促进深度思考。当孩子把知识讲给别人听，并且能得到积极回应时，对知识的掌握就会得到加深。聊书其实很简单，认真倾听孩子的想法，不去比较、评判，慢慢激发孩子的表达欲即可。

⊙ **互动式录音答题法：让阅读更有价值**

这个方法是我自己为孩子设计的，大致分为三个步骤。

1）**阅读引导**：家长先读完书或了解大致内容。

2）**亲子聊书**：通过聊天加深孩子兴趣，促进思考。

3）**录音答题**：在聊书的基础上家长整理出几个问题（孩子可以选择性作答）进行录音答题，还可以将录制好的音频进一步整理成荐读文章进行分享，帮助孩子学会输出，锻炼综合能力。

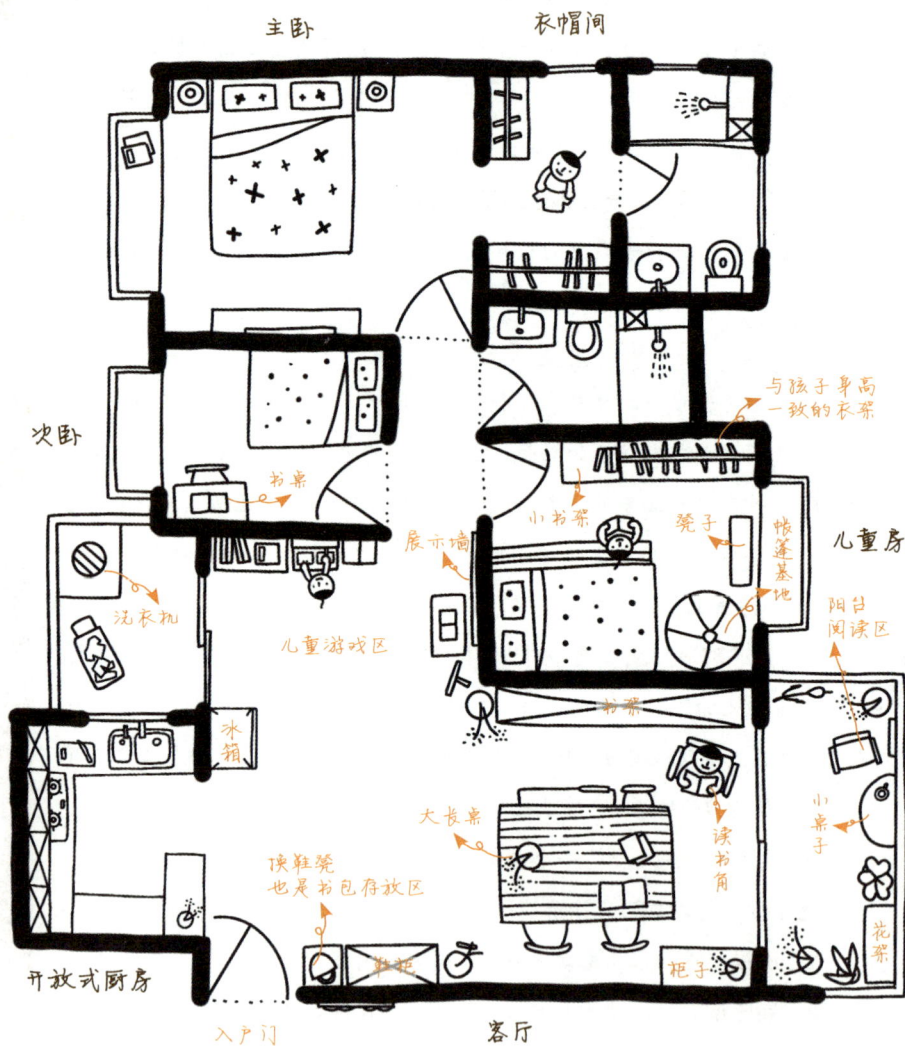

汤圆家的家

主卧　　　　　　衣帽间

次卧

书桌

洗衣机

冰箱

儿童游戏区

展示墙

小书架

与孩子身高
一致的衣架

凳子

帐篷基地

儿童房

阳台
阅读区

书柜

小桌子

大长桌

读书角

换鞋凳
也是书包存放区

柜子

花架

开放式厨房

入户门　　　　　客厅

32

打造家庭图书馆：
让家成为知识的温床

作者：汤圆家

家有女宝（幼衔小）

我一直希望为孩子营造一个充满求知氛围的家庭环境，让阅读和学习成为生活的日常。为了实现这个目标，我们家进行了三大改造，力求为孩子创造一个充满知识与互动的成长空间。

一、客厅共享：大长桌的多功能设计

客厅是全家人共度美好时光的核心场所。我们摒弃了传统的沙发椅、茶几和电视机，将客厅改造成了"多功能学习区"。

大长桌

客厅面积约 17 平方米。我们定制了一张实木大长桌（长 2 米、宽 1 米、高 0.75 米），兼具读书、学习、吃饭、娱乐等多种功能。无论是孩子看书写字，还是全家人一起下棋、玩桌游，这张桌子都能满足需求。

收纳与用电解决方案

为了保持桌面整洁，我们在桌下隐藏设置了 4 个抽屉和 1 个纸巾盒，按照就近原则，分类收纳学习和生活用品，实现"随手拿取、迅速归位"的目标，帮助孩子养成随手收纳的良好习惯。

针对用电问题，我们在桌子中间嵌入了一个穿线盒，内置3位＋2 USB插口的排插，满足多种设备的充电需求，同时将排插的走线隐藏在桌下，用电线固定器粘贴住，确保不会晃动，既美观又安全。

二、"游牧式"学习：三大阅读区域的规划

我不希望将孩子孤立在书房或儿童房等封闭空间，而是鼓励孩子根据自己的实际需要，选择适合的学习环境。这种"游牧式"学习不仅能增进家人之间的沟通交流，还能促进孩子思维能力的发展。因此，我在家中规划了3个1平方米的"随时随地都能看书"的学习阅读区域。

1. 客厅静心读书角

客厅没有电视，而是用钢制书架打造了一面家庭书墙，收纳了1000多本书。书架长2.8米、宽0.3米、高2米，由一个主架和两个副架拼接而成。书架列宽90厘米，层高可按需调节。这种钢制书架性价比高，无甲醛，无需散味。

高于孩子视线的书架层是我和孩子爸爸的书，孩子视线范围内则是绘本展示区，轻松实现亲子共读。对于还在看绘本的低幼孩子而言，直接露出封面能增加孩子取阅图书的兴趣。为了节省空间，我用挡书条（可以防止书滑落）和伸缩杆（可以让书呈现合适的展示角度）改造了低层书架，书架里侧可以收纳囤货的新书，外侧可以展示最近要读的绘本，既实用又方便。

2. 儿童房阅读栖息地

儿童房也放置了书架，并将底下两层改造成绘本展示区。每晚睡前，

我和孩子都会一起阅读，讨论书中的情节，让卧室成为另一个阅读空间。

3. 阳台 1 平方米永续阅读区

阳台没有封闭，既是"花园阳台"，也是晨读区。女儿起床后有时会抓一本绘本凑过来和我一起阅读，孩子说待在这里仿佛置身森林，充满自然气息。

三、餐厅改造：孩子的游戏区与玩具收纳

餐厅不仅是用餐的地方，也是孩子的游戏玩乐区。孩子的各种玩具、教具等零碎小物件都集中在这里。我们采用了分层收纳和标签管理的方法：

分层收纳

孩子的玩具收纳柜总共分为四层。第一层和第二层收纳拼图、桌游（大盒子竖向摆放，小盒子置于收纳盒，拼图置于透明盒），第三层收纳教具（零件收纳盒），最底层收纳积木和待整理玩具。最后用大抽屉盒收纳体积较大的玩具。

贴标签管理

为了让孩子能快速找到玩具并归位，养成整理习惯，我将抽屉和收纳盒贴上了标签。考虑到孩子的年纪，我设计的标签是图文并茂的，这样就算孩子不识字，也可以找到。另外，为了让孩子方便拿取玩具并自主收拾，我将抽屉叠放起来，高度正好适合孩子坐在底板上玩耍。标签在无形中提醒了孩子，让玩具归位变成一件自然而然的事。

通过这些改变，我们不仅为孩子创造了一个充满学习与互动的家庭环境，也让每一个角落都成为知识的温床。在这个充满爱与支持的空间中，孩子将收获更丰富的成长与探索。

让整理图书更高效的书架整理法

随着我们家图书数量的增加，整理和检索变得尤为重要。我们总结了以下三个整理思路：

⊙ 设置"新书上架区"

我会参考一些书店的做法，每月更新一次新书展示区，增加新书的曝光度，激发孩子的阅读兴趣。

⊙ 按类别主题分区

大人书按主题分类（如营养健康、家庭生活、经济理财、文化历史等），儿童书按类型分类（如故事书、科普书等），并将同出版社、同书系的书摆在一起，方便查找。

⊙ 可视化管理

制作平面索引图贴在书架侧面。另外，对于轻薄图书如分级读物，使用塑料或亚克力盒子收纳，并贴上标签，保持视觉整洁，方便精准查找。

打造整洁高效的开放、集约式充电站

在客厅设置一个开放、集约式的充电站，不仅能优化空间利用，让充电区域井然有序，还能集中收纳电子设备，帮助家庭成员更好地管理设备的使用时间。

需要工具

⊙ 图书馆钢制书架：选择一层作为充电站，高度适中。

⊙ 挡书条：用于固定洞洞板。

- ⊙ 洞洞板：用于隐藏电线和垂直收纳设备。

- ⊙ 挂钩、托盘：用于悬挂或放置设备。

- ⊙ 三合一数据线：满足多种设备充电需求。

改造步骤

- ⊙ 确定改造层：选择书架的第二层，层高25厘米，适合安装洞洞板。

- ⊙ 安装挡书条：在书架靠墙内侧贴上挡书条，为洞洞板提供支撑。

- ⊙ 安装洞洞板：将三块洞洞板底部斜放至挡书条凹槽，顶部推至书架顶部内侧，卡住固定。

- ⊙ 布线隐藏：将所有充电线（如三合一数据线、电脑充电线等）插在书架后墙上的排插，电线隐藏在洞洞板后，正面看上去整洁清爽。

- ⊙ 垂直收纳：在洞洞板上安装挂钩或托盘，手机、充电宝等设备直接放置，拿取方便。

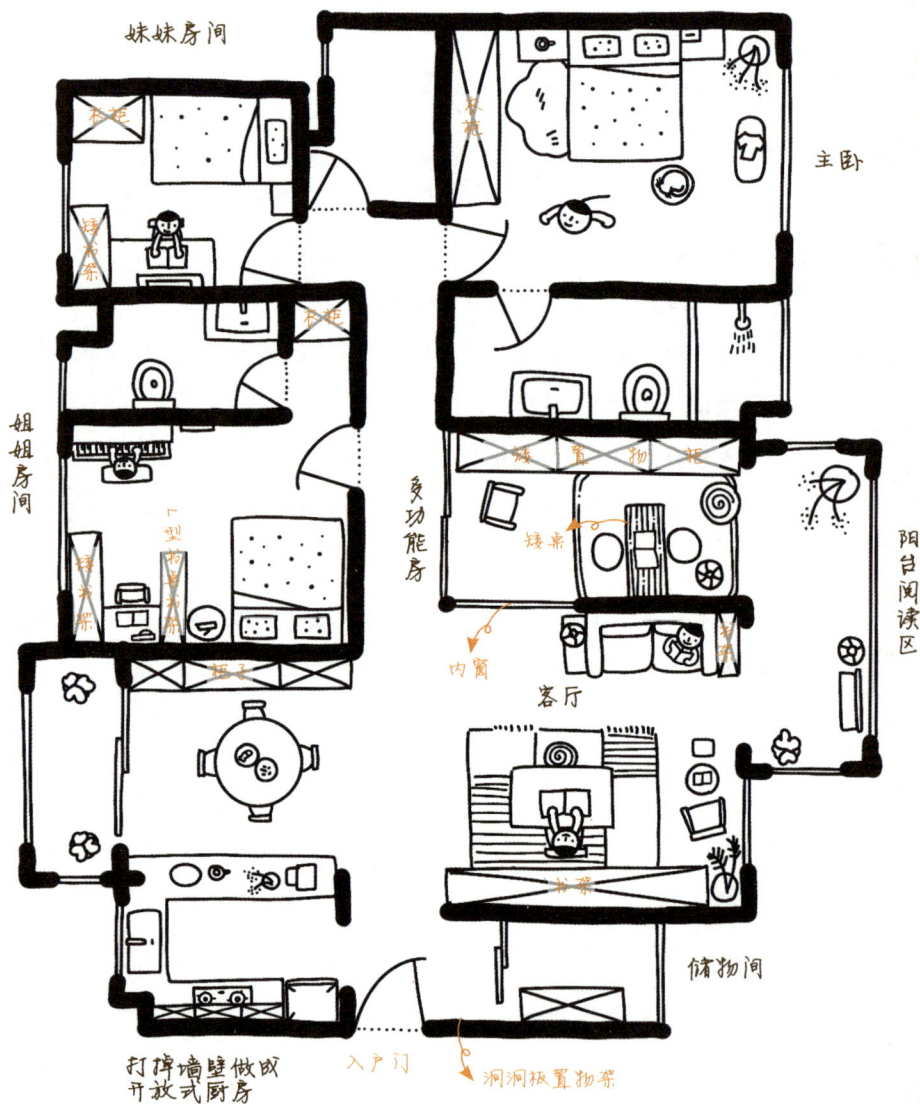

米姐小生活的家

妹妹房间

主卧

姐姐房间

多功能房

阳台阅读区

矮桌

内窗

客厅

储物间

打掉墙壁做成
开放式厨房

入户门

洞洞板置物架

折腾家，只为给孩子更好的成长空间

作者：米姐小生活

家有两个女宝（姐姐小学高年级、妹妹小学低年级）

　　家，是孩子成长的温床。对于爱折腾家的我而言，一直在琢磨如何让家变得更美观、更实用。随着两个孩子渐渐长大，营造一个舒适、轻松、愉快的家庭学习氛围，成了我最为关注的焦点。在这个过程中，我对家里多个区域进行过多次改造，每一处改变都满含着对孩子成长的期许。

一、两个孩子的房间改造

姐姐房间改造的核心：功能与美感的完美融合

　　姐姐的房间空间方正（320 厘米 ×390 厘米），这为合理规划功能区提供了得天独厚的条件。房间被巧妙地分为了睡觉区、读书学习区和钢琴区。

- ⊙ 睡觉区：一张 1.5 米宽的床，给予孩子满满的安全感。吊灯的位置经过精心调整，为房间增添了一份柔和的光影。

- ⊙ 半包围学习区：L 型书桌书架，右侧搭配了与书桌齐平的矮书架，形成了一个半包围结构。这种设计为孩子营造了一个独立而安全的学习空间。不仅如此，书架还正好挡住了床的位置，可以减少床对孩子的"诱惑"。在这里，她可以沉浸在书的世界里，心无旁骛地完成作业。这种设计不仅满足了功能需求，还关注到了孩子的心理感受。

- ⊙ 钢琴区：钢琴被安置在学习区对面的一角，尺寸刚刚好，也方便孩子日常的练习。

妹妹房间改造的核心：实用的多功能书桌

妹妹的卧室面积仅有 8 平米左右，空间较为狭小。在布局设计上，我尝试了多个版本，虽然能满足基本使用需求，但总感觉空间利用不够充分。孩子也时常念叨，希望自己能有独立的学习空间。为了解决空间小的问题，我们购置了一张实用性很强的书桌。这个书桌有以下特点：

- ⊙ 配备升降功能和大容量收纳柜，可以存放各种学习用品和杂物，让桌面始终保持整洁。
- ⊙ 书桌上方配有长方形护眼灯，提供均匀的光线，为孩子创造了一个明亮的学习环境。
- ⊙ 桌面角度可调节，孩子阅读、画画时都能找到舒适的姿势。

二、客厅的华丽转身 ——"去客厅化"

在我们家，客人到访频率极低，电视一年也开不了几次，以往客厅空间浪费严重。有了孩子之后，我便思索着打造一个利于阅读、学习的空间，于是产生了改造客厅的想法。我将书房和客厅合二为一，打造根据家庭成员需求，随时改变空间功能和用途的空间。

- ⊙ 整面书墙、大书桌的搭配，让家仿佛置身于书的海洋。无主灯设计换成了接近自然光线的护眼吸顶灯，学习的氛围一下就有了。
- ⊙ 书墙上方预留了一定空间，我在这里安置了投影用的幕布。放下幕布，"客厅书房"立马化身为"客厅影院"。
- ⊙ 阳台放置了轻薄的图书展示架和长椅，形成了一个舒适的阅读空间。有时我们还会将茶具和矮桌移动至这里，瞬间变成阳光茶室，十分舒适惬意。

家里的长辈起初不太理解这种"去客厅化"的设计，觉得这不像传统意义上的家。但几年下来，效果超乎想象的好。闲暇时，我可以惬意地窝在沙发上随手翻阅书籍；需要工作时，这里又能立刻转换为我的办公室。对孩子们而言，没有了电视的干扰，她们一回到家就能自然而然地完成作业、拿起书本阅读。渐渐地，孩子们的阅读能力有了显著提升。孩子们的卧室也有书桌，卧室的书桌不用复杂，桌面干干净净就好，这样孩子不容易分心。

在这样充满学习氛围的家里，孩子们从起初的不适应，逐渐习惯并融入其中。我认为这种设计不仅提高了客厅的使用率，还让生活变得更加高效、更具弹性。

三、杂物间变身多功能房

这个原本作为客房的小房间，因使用频率较低，逐渐被闲置成杂物堆积的角落。在设计上，我们推倒了部分墙体，采用内窗式设计，巧妙地打破了空间的局限，提升了空间的通透感与延伸性。房间内摆放了矮桌、茶具和蒲团，兼具学习、办公、品茶功能，必要时可快速恢复为临时客房。这种设计实现了功能叠加，提升了空间利用率，既满足日常使用需求，又保留了开放性与灵活性，很适合小空间的利用。

四、开放式厨房——拥有让家人自然聚在一起的"魔力"

在这里，烹饪不再是一个人的孤独劳作。孩子们会自然而然地凑过来搭把手，让烹饪成为亲子互动的方式之一。在锅铲碰撞的声响里，亲子关系也在悄然升温。于我而言，开放式厨房不仅是一种设计风格，更代表着开放、包容和共享的生活态度。孩子们在客厅玩耍时，会时不时好奇地跑过来看看我手中的食材；一家人围坐在餐桌旁，微笑着分享生活点滴。此刻，厨房不仅仅是一个功能区域，更是我们一家，充满爱与温暖的情感纽带。孩子举办派对时，几个同学围在岛台旁，一边制作"美食"，一边分享故事。这种交流不仅为孩子们带来欢乐，更是陪伴他们成长、体验生活的珍贵时刻。当然，开放式厨房的油烟问题曾让我有所顾虑，但随着科技发展，高性能油烟机和先进通风系统有效解决了这一难题。

最后想提醒大家：家装时，最好别过度依赖定制，那些拆不掉、换不了的固定设计，很可能成为后续改造的难题。多预留灵活可变的空间，让家跟着孩子一起"长大"。

希望我的经验能为你带来一点启发，让你的家也充满爱与温暖，成为孩子成长路上最坚实的后盾。